Schätze und Meilensteine deutscher Geschichte

aus dem Germanischen Nationalmuseum in Nürnberg

GERMANISCHES
NATIONAL
MUSEUM

Herausgeber:
Germanisches Nationalmuseum, Nürnberg
Redaktion:
Hermann Maué und Christine Kupper

Fotografien:
Matthias Knoch: Vorsatz vorne, S. 62 f., 96 f., 180 f. – Günther Schmidt: S. 6 f., 12 f., Vorsatz hinten – alle übrigen Jürgen Musolf, Germanisches Nationalmuseum
Gestaltung:
Udo Bernstein & Clemens Hilger
Litho:
Reprotechnik Staudacher
Gesamtherstellung:
W. Tümmels

Texte:
Irmtraud von Andrian-Werburg, Frank Bär, Renate Eikelmann, Thomas Eser, Silvia Glaser, Carola Gries, G. Ulrich Großmann, Axel Janeck, Frank Matthias Kammel, Petra Krutisch, Martin Kügler, Andrea Legde, Kurt Löcher, Hermann Maué, Heidi A. Müller, Manfred Nawroth, Ursula Peters, Roland Schewe, Rainer Schoch, Eberhard Slenczka, Tobias Springer, Johannes Willers, Jutta Zander-Seidel

Die Deutsche Bibliothek – CIP-Einheitsaufnahme
Germanisches Nationalmuseum <Nürnberg>:
Schätze und Meilensteine deutscher Geschichte
aus dem Germanischen Nationalmuseum in Nürnberg
[Hrsg.: Germanisches Nationalmuseum, Nürnberg.
Red.: Hermann Maué und Christine Kupper.
Texte: Irmtraud von Andrian-Werburg...]. –
Nürnberg: Germanisches Nationalmuseum, 1997
ISBN 3-926982-50-0

Liebe Leserinnen, liebe Leser,

seit 70 Jahren ist Quelle in der Region Nürnberg/Fürth beheimatet. Es ist deshalb für unser Unternehmen eine wichtige gesellschaftliche Verpflichtung, das Germanische Nationalmuseum in Nürnberg zu fördern. Dabei hat die Förderung der Kultur bei Quelle eine lange und erfolgreiche Tradition. Bereits Gustav und Grete Schickedanz sahen es als wichtige Aufgabe an, die Kultur in unserer Region zu begleiten. Darüber hinaus unterstützte Grete Schickedanz als Mitglied des Verwaltungsrates, dem sie nahezu 15 Jahre angehörte, die Aufgaben des Germanischen Nationalmuseums. Wir freuen uns deshalb sehr, daß Quelle zum Erscheinen dieses Buches beitragen konnte und wünschen Ihnen unterhaltsame und informative Lesestunden.

Dr. Steffen Stremme
Vorstandsvorsitzender
der Quelle Schickedanz AG & Co

Mit dem Jahre 1806 endet die rund tausendjährige Geschichte des Heiligen Römischen Reiches Deutscher Nation, die Nürnberg über Jahrhunderte neben Aachen, Frankfurt am Main und Prag als eine der entscheidenden Städte eines vielgestaltigen mitteleuropäischen Staatenbundes sah, in dem die deutsche Sprache zwar eine Grundlage war, der aber auch etliche anderssprachige Volksgruppen in sich vereinigte.

150 Jahre Nationalmuseum für 150 Jahrhunderte Kulturgeschichte

1806 fegte Napoleon das politisch längst kraftlos gewordene Gebilde von der Landkarte, in dem Hunderte von Landesfürsten das Sagen in ihren zerstückelten Gebieten übernommen hatten, und der Wiener Kongreß 1815 bewirkte keine Wiederherstellung. So träumte man in einer Epoche wachsender Nationalstaaten, als deren Vorbild man Großbritannien, Frankreich, Spanien und andere europäische Staaten sah, auch von einem deutschen Nationalstaat. Je mehr man die Beschränkungen der Kleinstaaterei erkannte, um so intensiver wurden diese Hoffnungen, wenn auch aus ganz unterschiedlichen Richtungen und Blickwinkeln gespeist. Die Wirtschaft hoffte auf Entwicklungsmöglichkeiten, die sie mit der Deutschen Zollunion ab 1834 wenigstens teilweise erhalten sollte, das aufstrebende Bürgertum hoffte auf stärkere politische Freiheiten. Kultur und Geschichte rückten in den Mittelpunkt des Interesses, um dieses Ziel zu verdeutlichen.

Die Gründung eines Nationalmuseums in Deutschland

Der fränkische Adlige Hans von und zu Aufseß entwickelte ein zukunftsweisendes Konzept für ein Nationalmuseum, das nicht von der Präsentation nicht vorhandener Macht, sondern geschichtlicher und kulturgeschichtlicher Zusammenhänge bestimmt war. Im Jahre 1832 ließ er den ersten Band des „Anzeiger für die Kunde des deutschen Mittelalters" veröffentlichen. In dieser Zeit sammelte Aufseß, was ihm persönlich an Kulturgut für den „germanischen" Raum, also die deutschsprachige Zone inmitten Europas sowie die deutschsprachigen Exklaven, sammelnswert und typisch erschien. Er bewahrte diese Objekte auf seiner Burg Unteraufseß in unmittelbarer Nähe Nürnbergs, das mehr als ein halbes Jahrtausend lang im Mittelpunkt des Reiches stand.

Die Revolution der Jahre 1848–1849 sollte Deutschland mit seinen vielen Kleinstaaten eine demokratische Einigung bringen. Die Frankfurter Paulskirche als Sitz des ersten nationalen Parlaments gilt heute noch als Symbol eines demokratischen geeinten Deutschlands. Obwohl der Einigungsversuch scheiterte, wurde der Gedanke wachgehalten, sich im kulturellen und geschichtlichen Bereich mit der gesamten Nation ohne die inneren Grenzen zu beschäftigen. Hans von Aufseß unternahm immer wieder Anstrengungen in dieser Richtung. 1852 gelang es ihm schließlich, in der Gesamtversammlung der deutschen Geschichts- und Altertumsvereine, die in Dresden unter Vorsitz König Johanns von Sachsen tagte, den Beschluß herbeizuführen, daß „1. die weitere Begründung und Ausbildung des germanischen Museums der Generalversammlung dringend anzuempfehlen sei" und „2. das Museum von dem heutigen Datum als begründet betrachtet" werden solle. Gründungsdatum war somit der 17. August 1852.

Bereits am 18. Juli 1853 erfolgte die Anerkennung der neuen Einrichtung als „nationales Unternehmen" von der Deutschen Bundesversammlung in Frankfurt, fortan wurde das Museum als „Germanisches Nationalmuseum" bezeichnet. Es sollte allerdings noch fünf Jahre dauern, bis ein Standort für das Museum gefunden war. Zwar favorisierte man Nürnberg, doch sollte auch die Unterstützung des bayerischen Königs gewonnen werden, der sich mit seiner Entscheidung viel Zeit ließ. Stattdessen gab es Offerten, das Museum auf der Wartburg oder in Coburg, damals also in sächsischen Landesteilen, anzusiedeln und es mit den jeweiligen Sammlungen zu vereinen. Die Spendenaufrufe wurden von Privatpersonen, Kommunen, Landesfürsten und Regierungen von den Niederlanden bis nach Österreich beantwortet, teils mit Geld, teils mit Objekten. 1857 schließlich, das Museum hatte eine provisorische Bleibe im Nürnberger Tiergärtner Turm gefunden, schenkte der bayerische König dem neuen Museum das ehemalige Kartäuserkloster am Südrand der Altstadt. Zudem half er beim Ausbau des zuletzt als Militärarsenal dienenden und dadurch stark verunstalteten Gebäudes.

Die Bestimmung des Museums

Als Aufgabe des Museums legte Hans von Aufseß fest, es solle ein „wohlgeordnetes Generalrepertorium über das ganze Quellenmaterial für die deutsche Geschichte, Literatur und Kunst, vorläufig von der ältesten Zeit bis zum Jahr 1650, herstellen". Ziel war es, das gesamte Wissen um die Geschichte, Literatur und Kunst der deutschsprachigen Gebiete zu gliedern und zu ordnen, zu sammeln und verfügbar zu machen. Dieses Wissen bestand aus Büchern, Akten und Gegenständen, nicht zuletzt Kunstwerken, aber auch Gebäuden, die man allerdings nicht komplett ins Museum übertragen, sondern nur bildlich dokumentieren wollte. Ein Repertorium ist in erster Linie eine Sammlung aus Daten, weniger aus Originalen. Die Abschrift einer Urkunde, der Abdruck eines Siegels oder der Gipsabguß einer Skulptur waren gleichwertige Sammlungsgegenstände. So befindet sich das Original des Braunschweiger Löwen heute immer noch in Braunschweig, doch der Abguß im Germanischen Nationalmuseum zeigt diese Skulptur ohne die Umweltbeeinträchtigungen der letzten anderthalb Jahrhunderte. Ein unmittelbarer Vergleich der Bronzetüren von Hildesheim, Augsburg und Nowgorod ist nur im Germanischen Nationalmuseums möglich, wo sich die entsprechenden Gipsabgüsse gegenüberstehen.

Problem des Generalrepertoriums war – und ist – der Anspruch, die Gesamtheit aller Quellen systematisch zu erfassen und zu erschließen, unabhängig von konkreten Fragestellungen. So ideal es wäre, über ein solches Werk zu verfügen und jede denkbare Frage an die Geschichte und Kunst beantwortet zu erhalten, so illusorisch ist es, dies leisten zu können.

Das Museum im Kloster

Dem Geschichtsbezug des Museumsauftrags entsprach die Präsentation der Sammlung in einem mittelalterlichen Kloster, dem Kartäuserkloster, das im Jahre 1380 gegründet und dessen Kirche 1383 geweiht worden war. Die Kirche wird weiträumig von dem großen Kreuzgang umfaßt; West-, Nord- und Ostflügel sind davon heute noch erhalten wie auch drei der Mönchshäuser, obwohl das Kloster mit Einführung der Reformation in Nürnberg 1525 aufgehoben und seine Gebäude weltlichen Zwecken zugeführt wurden.

Die folgenden Jahrzehnte waren für das Museum überaus erfolgreich. Aus allen deutschsprachigen Gebieten kamen bedeutende Geschenke oder Leihgaben an das Museum, das seinem Rang als Nationalmuseum schon bald gerecht werden konnte. Nachdem am 18. Januar 1871 in Versailles das Zweite Deutsche Kaiserreich proklamiert und der Preußenkönig Wilhelm I. durch den bayerischen König Ludwig II. als Kaiser ausgerufen wurde, blieb es bei der offiziellen Anerkennung und Unterstützung des Nationalmuseums durch den Kaiser und den Reichstag. Damit war akzeptiert, daß das Nationalmuseum nicht in der Reichshauptstadt, sondern weiterhin in der historisch weit bedeutsameren Stadt Nürnberg seinen Sitz haben sollte. Auch künftig blieb das Nationalmuseum von Nationalismen verschont – seit langem selbständige Staaten wie die Niederlande, die Schweiz und auch Österreich beteiligten sich vielfach mit Geld- und Sachspenden am Aufbau des Museums, die in den regelmäßigen Berichten des Nationalmuseums sorgsam protokolliert wurden.

Ältester Museumsverlag Europas

Schon im Jahre nach der Gründung 1852 erschien der erste „Anzeiger für Kunde der deutschen Vorzeit" in Kooperation mit dem Leipziger Verlag Friedrich Fleischer, ab 1854 wurden jährlich Publikationen des Museums herausgebracht: der Jahresbericht, die Denkschriften und der „Anzeiger". Er enthielt vor allem den Bericht über Ankäufe und organisatorische Änderungen des Museums und hat sich zu einer bedeutenden wissenschaftlichen Zeitschrift entwickelt, später ergänzt durch die „Mitteilungen". Seit 1854 werden diese Bücher in einem eigenen „Verlag der literarisch-artistischen Anstalt" des Germanischen Nationalmuseums veröffentlicht und somit im ältesten noch bestehenden Museumsverlag.

Die Entstehung der Sammlung

Von Anfang an sollte das Sammeln von Originalen eine grundlegende Rolle spielen. Schon der erste Museumskatalog von 1855/56 listete Tausende von Objekten auf, Originale ebenso wie Abgüsse. Zeitlich war die Sammeltätigkeit auf die Epochen des Mittelalters und der frühen

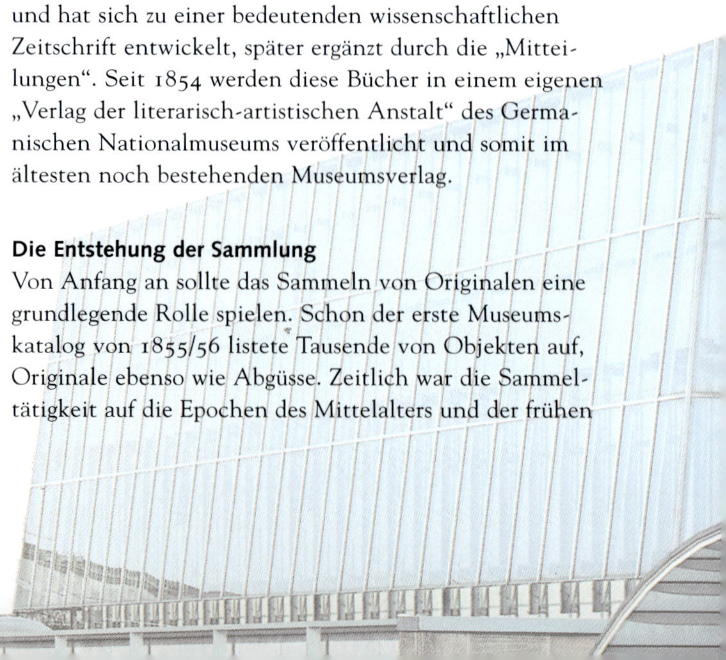

Neuzeit, „vorläufig bis um 1650“ beschränkt. Einige Jahre nach Gründung des Museums erweiterte man den Sammelauftrag um den Bereich der Vor- und Frühgeschichte, wodurch das Museum seinerzeit in eine heftige Diskussion und Konkurrenz mit dem Römisch-Germanischen Zentralmuseum in Mainz trat, das wesentlich länger auf die Sammlung von originalen Fundstücken verzichtet hatte; mit dem Erwerb einer großen Privatsammlung 1881 konnte man auch in diesem Bereich eine führende Rolle übernehmen. Zwischen 1880 und 1900 wurde eine Reihe von Bestandskatalogen aus allen Bereichen der Kunst- und Kulturgeschichte veröffentlicht.

Streifzug durch 100 Jahre Museumsgeschichte

Die Jahre nach 1871 brachten keine grundsätzliche Wende der Museumsarbeit. Als Direktoren tätig waren von 1866 bis 1892 August von Essenwein, ihm folgte 1894 bis 1920 Gustav von Bezold. Beide waren als Architektur- und Bauhistoriker bekannt geworden; August von Essenwein wirkte als Architekt und Architekturforscher in ganz Mitteleuropa, selbst die ungarische Denkmalpflege beruft sich auf ihn als ihren geistigen Vater. Den beiden Direktoren ist es zu verdanken, daß das Germanische Nationalmuseum nicht mehr im wesentlichen Kopien, Abschriften, Abgüsse im Sinne eines Repertoriums sammelte, sondern sich vielmehr um die Originale bemühte. Diese kamen in großer Zahl und nicht zuletzt dank ungeheuren Bürgerengagements ins Museum, das binnen weniger Jahrzehnte seinen Anspruch als Nationalmuseum von europäischem Rang durch die Bedeutung seiner Sammlung begründen

konnte. Beiden Direktoren ist es darüberhinaus zu verdanken, daß die starke kulturgeschichtliche Ausrichtung des Museums geschaffen wurde und eine einseitige und wenig anschauliche Ausrichtung auf die Geschichte bzw. eine zwar anschauliche, aber weniger aussagekräftige auf die Kunstgeschichte vermieden wurden. Nicht die Ereignisgeschichte, die im 19. Jahrhundert sonst so sehr interessierte, sondern die „materielle Kultur" stand im Mittelpunkt der Sammeltätigkeit. Gemälde, Skulpturen und Kunsthandwerk, vor- und frühgeschichtliches Grabungsgut, volkskundliche Objekte und Musikinstrumente,

Objekte der Zünfte, der Rechtsaltertümer und des Handels sollten das Leben der Menschen in den vergangenen Epochen dokumentieren, Aspekte des Hausbaus und der Architektur blieben dabei nicht ausgespart.

Beiden gelang auch die Erweiterung des Museums um mehrere bedeutende Anbauten, von denen jedoch nur ein Gebäude den Zweiten Weltkrieg überstanden hat: der Südwestbau, vollendet zum Museumsjubiläum 1902. Es ist der einzige erhaltene Flügel, der von einem Museumsdirektor, Gustav von Bezold, selbst geplant wurde. Im ursprünglichen Zustand erhalten blieb vor allem die dreischiffige Säulenhalle im Erdgeschoß, teilweise noch mit der ursprünglichen farbigen Bemalung.

Wenige Jahre nach der fünfzigjährigen Jubelfeier erwies sich das Museum bereits wieder als zu klein. Der Architekt German Bestelmeyer wurde mit der Planung eines neuen Flügels, des Galeriebaues mit einem neuen Haupteingang im Norden des Museums am Kornmarkt beauftragt. Er schuf den baulich vielleicht interessantesten, funktional geeignetsten Museumsneubau in den anderthalb Jahrhunderten Geschichte des Germanischen Nationalmuseums. Aus seinem Formenrepertoire verschwanden Stilelemente der Gotik, im 19. Jahrhundert lange Zeit zum deutschen Nationalstil erklärt, völlig; seine historischen Vorbilder lagen z. B. in der orientalischen und der römisch-antiken Baukunst. Die Qualität von Bestelmeyers Planung läßt sich in der Ehrenhalle, der seinerzeitigen Eingangshalle und im niedrigeren gewölbten Lapidarium erkennen. Der Neubau bedeutete eine besondere Kraftanstrengung, fiel der Beginn der Baumaßnahme 1914 doch mit dem des ersten Weltkriegs zusammen; bereits zwei Jahre nach Kriegsende konnte das Bauwerk fertiggestellt werden.

Zum Nachfolger von Bezolds wurde 1920 Ernst Heinrich Zimmermann bestellt. Ausgebildet als Kunsthistoriker wandelte er das Konzept stark in kunsthistorischer Richtung ab. Bedeutungsvoll wurde die Erweiterung des Sammelkonzeptes um den Barock, also bis in die Zeit um 1800. Zu den baulichen Änderungen gehörte die Verlängerung des Galeriebaus für die Sammlung des Barock und der Gartensaal.

1936 wurde Heinrich Kohlhaußen zum Direktor gewählt. Zu seinen Verdiensten zählt es, das Museum durch die Zeit des Nationalsozialismus gebracht zu haben, ohne einerseits die politischen Machthaber gegen das Museum einzustellen und sich andererseits in ihre Abhängigkeit zu begeben. Während Nürnberg zur Stadt der Reichsparteitage erkoren wurde und die verbrecherischen Rassegesetze mit dem Namen der Stadt in Verbindung kamen, blieb das Museum von offiziellen Führerbesuchen verschont. Dennoch gelangen ihm auch bedeutende Erwerbungen, darunter herausragend die des Behaim-Globus. Das Museum, das

schon in seiner Gründungsphase ausdrücklich keine territorialen Ansprüche dokumentieren wollte, wurde für die Nationalsozialisten kein Identifikationspunkt; ein Germanisches Nationalmuseum zu ignorieren konnten sie sich allerdings auch nicht erlauben – dies mag die Zwitterstellung des Museums in der Zeit des Dritten Reichs erklären. Nach dem Beginn des Zweiten Weltkrieges wechselte die Aufgabenstellung der Museumsleitung ohnehin drastisch. Kohlhaußen entschied, nahezu die gesamten Bestände des Nationalmuseums in Auslagerungsdepots sicherzustellen. Gravierende Zerstörungen durch mehr als tausend Einschläge von Granaten und Bomben trafen allerdings die Museumsgebäude. Viele der nicht ausgelagerten oder nicht auslagerungsfähigen Objekte gingen verloren, darunter wesentliche Teile der Gipsabgußsammlung und das berühmte romanische Heilsbronner Kirchenportal. Von den Auslagerungsdepots brannte eines aus, ein anderes wurde geplündert, der Verbleib der wertvollen Elfenbeinsammlung des Museums ist bis heute ungeklärt.

Nach 1945 wurde ein junger Kunsthistoriker, Ernst Troche, zum Direktor des Museums gewählt. Erste Reparaturen und erste kleine Ausstellungen gehörten in dieser wohl schwierigsten Zeit des Museums zu seinen wesentlichen Aufgaben. Als den Museumsbelangen besonders förderlich sollte sich die Wahl von Theodor Heuss zum neuen Vorsitzenden des Verwaltungsrats 1949 erweisen; bald darauf erster Präsident der Bunderepublik Deutschland, behielt er den Vorsitz als einziges Ehrenamt in den folgenden zehn Jahren bei und unterstützte das Museum auf der Suche nach einer neu definierten Identität.

1952 wurde Ludwig Grote Direktor des Museums. Diese Entscheidung sollte beim Wiederaufbau der Bauhausarchitektur zum Durchbruch verhelfen. 1958 setzte die Reihe der Museumsneubauten an, mit denen die schweren Verluste ausgeglichen werden mußten, die der Krieg angerichtet hatte. Abgebrochen wurden beschädigte Teile des Museums: die historistischen Gebäude Essenweins, die im Kern gotischen Bauteile des 1872–1875 hierher versetzten Augustinerklosters und der Kreuzgang-Südarm. Andererseits gelang es, das Museumsgelände zu arrondieren und bis zum Kornmarkt nach Norden auszudehnen. So errichtete man nach Plänen von Sep Ruf 1955–1958 den Theodor-Heuss-Bau. Er ist die architektonisch reifste Leistung in seiner klaren Gliederung namentlich der Fassade zum Kornmarkt und der ausgesuchten Materialwahl und Formgestaltung. 1960–1964 folgten der Bibliotheksbau mit der lichten, nach Norden völlig verglasten Lesehalle, die Erneuerung des Galeriebaus und des kleinen Kreuzgangs. Abgeschlossen wurde die umfassende Wiederaufbauphase erst Mitte der siebziger Jahre durch die Errichtung des Südbaues und des Ostbaues, die den Sammlungen der Volkskunde, der Textilien, der Musik sowie dem barocken Kunsthandwerk, den historischen Waffen und den Gartenskulpturen ein neues Domizil gaben.

Kennzeichnend für das Wiederaufbaukonzept waren Einzelbauten, die in der Regel vom Kreuzgang aus erschlossen wurden und eine funktionale und bauliche Trennung aufwiesen. Hierin entspricht die Planung städtebaulichen Konzepten der fünfziger und sechziger Jahre. Die Chance, ein mittelalterliches Kloster als Kern des Museums zu verwenden, führte zu dem Problem, daß nicht ein großflächiger Museumskomplex mit einer stringenten Folge von Flügeln, Rundgangsmöglichkeiten und einzelnen Innenhöfen entstand, sondern für die verschiedenen Aufgaben immer neue Einzelgebäude errichtet werden mußten.

Neben den umfangreichen Baumaßnahmen gelang schon unter Grote der Zuerwerb bedeutender Kunstwerke, wie etwa des Echternacher Codex aus der Zeit um 1000.

Eine neuerliche Änderung des Sammlungskonzeptes, die von Grote stillschweigend eingeführt worden ist, sollte von nachhaltiger Bedeutung sein: Er erweiterte die Sammeltätigkeit um die aktuelle Kunst, so daß der Sammelauftrag des Museums nun von der Vor- und Frühgeschichte bis in die Gegenwart reichte. Auch hier zeichnete der kulturgeschichtliche Ansatz des Museums die Sammlung vor solchen zur modernen Kunst aus, werden doch Malerei und Skulptur im Zusammenhang mit Design und Gebrauchsgegenständen gezeigt. Die Sammeltätigkeit blieb nicht auf die Westkunst beschränkt, so daß die aktuelle Kunst und Kultur des wiedervereinigten Deutschland im Germanischen Nationalmuseum umfassend repräsentiert ist.

Das neue Gesicht – Ausblick

Galten die sechziger und siebziger Jahre des Museums unter den Generaldirektoren Erich Steingräber und Arno Schönberger der Vollendung des Wiederaufbaus und der Konsolidierung der Sammlung, so kam es unter Gerhard Bott in den achtziger Jahren zu einer bedeutenden baulichen Vergrößerung des Nationalmuseums: Einer der größten Erweiterungsbauten der Nachkriegszeit in der Bundesrepublik mit einem neuen glasüberkuppelten Eingangsbau an der Westseite des Museums wurde gestaltet von der Architektengruppe ME DI UM. Die zum Eingang führende Kartäusergasse wurde in das Museumskonzept einbezogen und 1993 mit der „Straße der Menschenrechte" von Dani Karavan ausgestattet. Der 1993 unter dem Verwaltungsratsvorsitzenden Bundespräsident a. D. Walter Scheel eingeweihte Neubau dient vor allem zur Aufnahme hochmoderner Restaurierungswerkstätten und neuer Depots, eines Veranstaltungsraumes und zweier Ausstellungshallen. Die Depotflächen sind heute bereits wieder ausgeschöpft durch Teile eines umfangreichen Neubestandes: In den achtziger Jahren gab die Bayerische Landesgewerbeanstalt ihre 1867 begründete, bedeutende kunstgewerbliche Sammlung, die bis in die Gegenwart fortgeführt worden war, als Dauerleihgabe an das Germanische Nationalmuseum. Damit konnte die Sammlung des Museums nicht nur um Stücke von der Antike bis in die

Gegenwart vermehrt, sondern auch um einen wichtigen Bestand ostasiatischer Werke erweitert werden.

Die Hauptaufgabe der nächsten Jahre liegt für das Germanische Nationalmuseum in der Erneuerung der Dauerausstellung, mit Blick auf das Jubiläumsjahr 2002 und darüber hinaus. Mehr als zwanzig Jahre nach Abschluß des Wiederaufbaus nach dem Krieg ist sowohl eine bauliche Sanierung wie auch eine konzeptionelle Anpassung erforderlich. Angesichts der Größe des Museums und des Bemühens, alle wesentlichen Abteilungen geöffnet zu halten, kann dies nur schrittweise erfolgen. Grundlegend ist dabei die Erschließung von Sammlungsbereichen, die gegenwärtig vollständig im Depot ruhen müssen. Namentlich die Sammlungen zum 19. Jahrhundert und zur mittelalterlichen Kunst sowie zu den Textilien, besonders der bäuerlichen Kleidung, sollen in den nächsten Jahren eine neue Aufstellung finden. Hand in Hand mit der Erneuerung der Dauerausstellung wird die Vermittlung aktueller Forschungsergebnisse erfolgen und für die Präsentation des Nationalmuseums eine herausragende Rolle spielen; denn das Germanische Nationalmuseum betreibt innerhalb des deutschen Museumswesens in besonderem Maße Grundlagenforschung.

Im wiedervereinigten Deutschland an der Wende zum dritten Jahrtausend kann das Germanische Nationalmuseum seine Rolle als das deutsche Nationalmuseum verwirklichen. Es ist der Standort zur Präsentation und Erforschung der Kultur im deutschsprachigen Raum von der Vorgeschichte bis zur Gegenwart, die größte Sammlung dieser Art in Deutschland. Wie zur Zeit seiner Gründung steht es für einen mitteleuropäischen Kulturraum im gesamteuropäischen Vergleich.

In der Vergangenheit wurde das Germanische Nationalmuseum zu Recht als eine Schatzkammer oder auch als ein Schatzhaus bezeichnet. Neben kostbaren Schätzen besitzt es jedoch auch Meilensteine aus der Vergangenheit der Deutschen. Die Spannweite der Sammlungen an herausragenden Beispielen vorzuführen, ist Absicht dieses Buches; zugleich erhoffen wir, daß es den Leser animiert, sich gelegentlich die vorgestellten Objekte im Original im Museum selbst anzuschauen. Zudem kann jeder persönliches Mitglied des Germanischen Nationalmuseums werden, um auf diese Weise die Aufgaben des Museums zu unterstützen und zugleich Anteil an seiner Entwicklung zu nehmen.

G. Ulrich Großmann

EIGENTHUM DER DEUTSCHEN NATION

Dunkel und grau mutet uns unsere Vorzeit nach den wenigen auf uns gekommenen Relikten an. Die schlecht erhaltenen Reste scheinen von einem primitiven Leben in dumpfer Grobheit zu künden. Unser Unwissen wird nur selten schlaglichtartig erhellt. Als 1953 beim Baumstumpfroden hauchdünne Goldbleche gefunden und im Germanischen Nationalmuseum vorgelegt wurden, war das ein solcher Moment. Diese zarten Bleche waren über und über mit akribisch ausgeführten Punzornamenten verziert.

Ganz im Zeichen des Sonnenkultes

1200–1100 v. Chr.

Seit der 1. Hälfte des 19. Jahrhunderts waren in Westeuropa mehr als dreißig ähnlich verzierte Goldgegenstände unterschiedlicher Form und Funktion gefunden worden, vor allem in Irland und Dänemark. Diese goldenen Gefäße und Scheiben sind in der Bronze- und Urnenfelderzeit von etwa 1600–750 v. Chr. entstanden.

Erst als alle Bleche im Germanischen Nationalmuseum zusammengefügt waren, ließ sich ein großer Goldkegel erkennen. Drei weitere, vergleichbare Objekte sind bekannt: der nur teilweise erhaltene Goldkegel aus Avanton in Westfrankreich, 1844 gefunden; der 1835 zusammen mit drei Bronzebeilen entdeckte „Goldene Hut von Schifferstadt"; und ein im Dezember 1995 bekanntgewordener Kegel süddeutscher Provenienz, heute in Berlin.

Faszinierend ist die handwerkliche Qualität des Ezelsdorfer Kegels. Er ist aus einem einzigen Goldstück getrieben und bis in die Spitze mit Kreisornamenten verziert.

Einzigartig ist die Lebhaftigkeit in Auswahl und Abfolge seiner Ornamente, die ihn deutlich unterscheidet von den wesentlich strenger gegliederten Vergleichsstücken. Die Ornamente wie auch das Material Gold sprechen für eine Verwendung des Kegels bei Riten eines Sonnenkultes.

1000 Jahre lang, bevor die Hallstattzeit um 750 v. Chr. einsetzte und Eisen zum wichtigsten Werkstoff wurde, war die Verehrung der Sonne die wohl wichtigste religiöse Äußerung der Menschen in Europa. Immer wieder begegnen Sonnenmotive, oft mit Schiff- und Vogeldarstellungen verbunden, verdichtet in der Darstellung der Sonnenbarke – einem Schiff, in dessen Rumpf die Sonne ruht und dessen Bug und Heck oft als Vogelköpfe gestaltet sind. Stilisierte Bilder auf einst ebenfalls goldgelb glänzenden Bronzegefäßen geben verkürzt die auch aus der altägyptischen Glaubenswelt bekannte Vorstellung wieder, daß die Sonne auf einem Schiff über den Himmel fährt und vor allem auf diesem Schiff den Ozean der Nacht durchquert, um am kommenden Tag erneut ihre Bahn im Osten zu beginnen. Die Vögel sind Mittler zwischen Himmel und Erde, zwischen Menschen und Sonne.

Wesentlich für alle Religionen sind ihre Jenseitsvorstellungen, die in den Bestattungsweisen Ausdruck finden. So lassen Brandbestattungen in der Bronze- und Urnenfelderzeit die Vorstellung erahnen, daß die Seele des Toten, vom Körper befreit, im Feuer und Rauch des Scheiterhaufens sich in den Himmel erhebt, um der wichtigsten Gottheit nahe zu sein.

Unvollkommen wie unsere Kenntnis über die religiösen Vorstellungen unserer Vorfahren ist unser Wissen über die einstige Verwendung der Kegel. Bisher glaubte man, die Fragilität der meisten Objekte lasse einen intensiven Gebrauch nicht zu, weswegen der Goldkegel als Bekrönung eines Kultpfahles angesprochen wurde. Kegel und Beile begegnen auf einer nicht mehr erhaltenen, verzierten Steinplatte aus einem Grab aus Kivik auf Schonen in Schweden, und auch bei dem „Goldenen Hut von Schifferstadt" läßt sich die Verbindung von Kegel und Beil wiederfinden. Die Verwendung der Goldkegel als Kopfbedeckung von Priestern oder Häuptlingen bei besonderen zeremoniellen Anlässen ist nach Bekanntwerden des hervorragend erhaltenen Berliner Kegels jedoch gesichert.
T. S.

Goldkegel von Ezelsdorf-Buch
Urnenfelderzeit, 12.–11. Jh. v. Chr., Fundort: auf der Gemeindegrenze zwischen Ezelsdorf und Buch nahe Nürnberg, Gold und Bronze, aus einem Stück getrieben und punzverziert, der Fuß mit umbördeltem, 1,8 cm breiten Bronzereif stabilisiert, H. 88,3 cm, 310 g Gold, Wandstärke 0,1 mm, Inv. Nr. Vg 8001

Keramik der Lausitzer Kultur

12.–5. Jh. v. Chr., verschiedene Fundorte, Ton, mit der Hand aufgebaut, gebrannt, H. des größten Gefäßes 30 cm, Inv. Nr. V 5228, 5175, 6455, Vb 8040

Charakteristisch für die frühen, variantenreichen Keramikformen der Lausitzer Kultur ist die Verzierung mit plastischen Buckeln. Später werden Riefenornamente mit Flechtband und Winkelmuster üblich. Am Ende der Lausitzer Kultur in der frühen Eisenzeit wird schwarze, metallisch glänzende, reduzierend gebrannte und graphitierte Keramik bevorzugt. Die Gefäße sind aus Brandbestattungen überliefert. Die Urne ist umgeben von Beigefäßen verschiedener Funktion, die während der sehr komplexen Bestattungszeremonie unterschiedliche Behandlung erfuhren. Am Ende der Lausitzer Kultur wird nur noch die Urne mit einem Deckel beigesetzt.

Stier von Hallstatt

6. Jh. v. Chr., Fundort: Hallstatt, Oberösterreich, Bronze, in verlorener Form gegossen, H. 8 cm, Inv. Nr. V 6106

Die kleine Stierplastik stammt aus dem Gräberfeld von Hallstatt am Hallstätter See in Oberösterreich, das für die frühe Eisenzeit weiter Teile Mitteleuropas namengebend wurde. Der Aufbau der sehr gut erhaltenen, stilisierten kleinen Plastik läßt deutlich erkennen, daß für den Guß in der verlorenen Form zuerst ein Wachsmodell angefertigt worden war. Der Stier hat einen nur wenig die reale Tiergestalt widergebenden, fast zylindrischen, schlanken Körper; doch zeugen seine Proportionen von dem großem gestalterischen Empfinden und Können seines Schöpfers.

Faustkeil

Mittelpaläolithikum, 120.000–80.000 v. Chr., Fundort: Höngeda, Kr. Mühlhausen, Thüringen, Feuerstein, H. 11,5 cm, Inv. Nr. V 8001

Der annähernd herzförmige Faustkeil von dunkelgraubläulicher Farbe wurde 1939 bei Straßenbauarbeiten gefunden. Faustkeile dienten als Universalwerkzeuge bzw. als Geräte zum Zerlegen der Jagdbeute durch den Steinzeitjäger. Kennzeichen der Faustkeile ist die beidseitige flächige Retusche und die Herstellung aus einem Kern. Dabei ist eine reiche Variation in ihrer Formentwicklung erkennbar von ihrem ersten Auftreten vor ca. 1,5 Millionen Jahren bis zu den jüngsten Exemplaren in Gestalt der formvollendeten Blattspitzen aus der Spätzeit des Neandertalers vor 40 000 Jahren.

Schieferplatte mit graviertem Pferdekopf
Magdalenien, 13.000–10.000 v. Chr., Fundort:
Saaleck, Kr. Naumburg, L. noch 7,5 cm,
Inv. Nr. 1515 WL

In einer Flußschleife der Saale errichteten eiszeitliche Jäger ein Lager, wo sie Wildpferde, beliebte Jagdtiere des Magdalenien, in Treibjagden über eine Klippe auf der gegenüberliegenden Flußseite trieben, um sie so zu erlegen. Auf der dort gefundenen Schieferplatte ist ein Pferdekopf mit geöffnetem Maul eingraviert: ein Zeugnis vom künstlerischen Schaffen unserer Vorfahren am Ende der Eiszeit. Die Kunst der eiszeitlichen Jäger ist uns heute vor allem durch die berühmten Höhlenmalereien aus Frankreich ein Begriff. Als Motive bevorzugten die Jäger neben Darstellungen von Menschen vor allem die ihrer Beutetiere.

Keltische Statere

Süddeutschland, Böhmen, Rheinland und Schweiz, 2. und 1. Jh. v. Chr., Gold, ca. 7,5 g, Inv. Nr. Mü 11288, 11372, 11709, 22697, Sammlung Dilherr, Depositum von Löffelholz

Der Beginn der keltischen Münzprägung ist gekennzeichnet durch die Nachahmung griechischer Prägungen mit Herrscherbildern des 4. bis 3. Jh. v. Chr. Allerdings ist der zeitliche Abstand der keltischen Münzen, im Volksmund Regenbogenschüsselchen genannt, zu ihren Vorbildern unklar. Münzen gibt es im ganzen keltischen Kulturgebiet von Frankreich bis Südosteuropa. Im Laufe der Prägetätigkeit nimmt die Stilisierung der keltischen Ornamentik der Münzbilder zu. Schrötlinge wurden in Tonplatten mit vielen Grübchen, sogenannten Tüpfelplatten gegossen, die aus vielen großen keltischen Siedlungen bekannt sind. Jeder Ort prägte seine eigenen Münzbilder. Aus der Verbreitung der Münzen kann man interessante Rückschlüsse über Handelsverbindungen der keltischen Städte ziehen.

500 v. Chr.

Parsberger Fibel

Maskenfibel, 5. Jh. v. Chr., Fundort: im Kreis Parsberg, Oberpfalz, Bronze, in verlorener Form gegossen, L. 8,9 cm, Inv. Nr. Vb 1817

Fibeln, Sicherheitsnadeln mit oft phantasievollen Verzierungen, sind bereits eine Errungenschaft der Hallstattzeit (ca. 800/750 bis 500 v. Chr.). Die Parsberger Fibel gibt ein besonders eindrucksvolles Beispiel dafür, wie in der Latènezeit Anregungen aus dem mediterranen Raum von keltischen Kunsthandwerkern übernommen und zu einem eigenständigen, sehr plastischen Stil umgesetzt wurden.

Der Fibelfuß mit dem Nadelhalter ist bei der Parsberger Fibel als ausdrucksstarker Kopf mit riesigen Augen gestaltet. Ein für die keltische Barttracht typischer Schnurrbart ist angedeutet. In den zwei kleinen Voluten auf dem Scheitel kann man Hörner wie die eines Fauns erkennen. Der Bügel ist als Kopf mit hervorquellenden Augen und spitzen Ohren wie die eines Silens ausgebildet. Das Silen-Motiv kannten die Kelten von importierten etruskischen Bronzekannen. Die spitze, verzierte Mütze könnte als Helm gemeint sein, wie er als Typ Berru für das 5. und 4. Jahrhundert bekannt ist.

Die Spiralfeder der Parsberger Fibel wird von einer durchbrochenen Platte mit zwei Tierwesen verdeckt, die in Spiralranken oder Voluten enden. Ganz ähnliche, aber größer gearbeitete Tiere zieren den Rand einer Schnabelkanne, die in Grab 1 des Fürstengrabhügels am Fuße des Glauberg in Hessen bei Grabungen 1994/95 geborgen worden ist. Die Gesichter weisen hier deutlicher anthropomorphe Züge auf, so daß diese Wesen als Sphingen angesprochen werden können. Aufgrund der Qualität der Parsberger Fibel muß ihr einstiger Träger eine Person von höchstem Rang gewesen sein.

Capuanischer Bronzekessel

1. Viertel 5. Jh. v. Chr., Fundort: Capua, Bronze, gegossen und getrieben, H. 62,2 cm, Inv. Nr. LGA 6604 1-2

Derartige Gefäße stammen aus antiken Nekropolen Campaniens. Die dortigen Gräber bestehen aus zwei aneinandergestellten Quadern mit ausgemeißeltem Hohlraum, der rot ausgemalt ist. Auch das hier gezeigte Gefäß, das zweitgrößte erhaltene seiner Art, war nach dem Grabungsbericht von 1887 als Urne in eine solche Kiste gestellt worden. Andere darum angeordnete Beigaben sind heute verschollen bis auf zwei Gefäße in Berlin und Zürich. Das Motiv des Diskuswerfers steht vermutlich stellvertretend für Spiele, wie sie zu Ehren der Toten abgehalten wurden.

Römischer Paradehelm

um 175/250 n. Chr., Fundort: Theilenhofen, Kr. Weißenburg-Gunzenhausen, 1974, Bronze mit Weißmetallüberzug, getrieben, gepunzt und graviert, H. 30,5 cm, Inv. Nr. R 1032

Bei einem Wettpflügen wurde dieser Helm, der einzige vollständig rekonstruierbare seiner Art, ausgeackert. Die archäologische Nachuntersuchung ergab, daß er zusammen mit einem weiteren Helm anderen Typs ca. 100 m vor dem Südtor des Steinkastelles in einem Steingebäude des Lagerdorfes wohl bei Kämpfen mit den Alamannen 233 n. Chr. niedergelegt und verschüttet worden war. In Theilenhofen war die Reitereinheit Cohors III Bracaraugustanorum stationiert. Die drei Kämme mit zentralem Adler und flankierenden Löwen haben neben einem Verzierungscharakter auch die Funktion einer „Knautschzone“. Die Bogennischen des Stirnbandes zeigen Mars zwischen zwei Feldzeichen, an den Seiten je eine Victoria. Die eingehängten Wangenklappen sind mit einem Adler, der einen Kranz im Schnabel trägt, verziert.

500 n. Chr.

Der Schatzfund von Domagnano

Adlerfibel, Ohrgehänge, fünf Anhänger, Bienenfibel, um 500 n. Chr., Fundort: Domagnano, Republik San Marino, Gold, Almandin, getrieben, gelötet, H. der Adlerfibel 12 cm, Inv. Nr. FG 1608–1613, 461, 1240

Dieser wundervolle Schmuck einer reichen Ostgotin der Zeit um 500 n. Chr. wurde 1893 bei Domagnano, Republik San Marino, gefunden; insgesamt 21 Stücke wurden über den Kunsthandel veräußert. Sie sind heute in fünf öffentlichen Sammlungen und in Privatbesitz über die ganze Welt verstreut. In das Germanische Nationalmuseum gelangten die acht abgebildeten Schmuckteile bis 1898. Derartig kostbare Schmuckstücke konnten nur von Mitgliedern des ostgotischen Königshauses oder Hochadels aus dem engsten Kreis um König Theoderich, den Dietrich von Bern der Sage, getragen werden. Ravenna, 491–526 Regierungssitz Theoderichs, ist nur 50 km von San Marino entfernt.

Die berühmte Adlerfibel ist sicherlich das bedeutendste Objekt in diesem Fundkomplex. Der Adler, Symbol der römischen Staatsmacht, ist in strenger Stilisierung wiedergegeben. Auf der Brust trägt der Vogel einen runden Schild mit einbeschriebenem Kreuz – ein Bekenntnis der Trägerin des Schmuckes zum Christentum.

Die Bedeutung der Bienenfibel bleibt geheimnisvoll. Insektenförmige Fibeln sind sicherlich über hunnische Vermittlung aus Asien nach Europa gebracht worden und begegnen im 4. Jahrhundert zuerst nördlich des Schwarzen Meeres. Sie werden im allgemeinen als Zikadenfibeln bezeichnet. In Asien war die Zikade ein Symbol für Wiederauferstehung und ewiges Leben. Vielleicht deshalb wurde das Motiv in die Symbolsprache der christlichen Goten übernommen.

Silberbecher von Pettstadt

Ende 8. Jh., Fundort: Pettstadt, Kr. Bamberg, Silber, gegossen, Ornament in Kerbschnitt, teilweise vergoldet und nielliert, H. 10,0 cm, Dm. max. 11,4 cm., Inv. Nr. FG 1966

Der Silberbecher wurde im Jahr 1928 aus der Regnitz bei Pettstadt im Landkreis Bamberg gebaggert. Er ist in Form, Größe und Dekor eng mit einem Becher von der dänischen Insel Fejö verwandt. Die Gestaltung der Zierstreifen auf dem Silberbecher leitet sich von metallenen Zierbeschlägen auf Holzgefäßen ab.

800

Das Dekor ergibt in seinem Aufbau einen vierbogigen Rundbau in der Art von „Erlösungsarchitektur", die einen Lebensbrunnen, das Grab Christi oder das paradiesische Neue Jerusalem symbolisiert. Die Ornamentstreifen sind flächig im sog. „Tassilokelch-Stil" verziert. Kennzeichen dieses Stils ist eine Kombination von Tier- und Pflanzenmotiven. Bei den Tieren handelt es sich um stark stilisierte Vierfüßler, bei den Pflanzen am ehesten um Weinstöcke. Dieser Zierstil, den wir an Kunstobjekten der Karolingerzeit wie dem Tassilokelch oder dem älteren Lindauer Buchdeckel finden können, hat seinen Ursprung in der mediterran beeinflußten Ornamentik Nordenglands des späten 7. und 8. Jahrhunderts, die im Zuge der angelsächsischen Mission im 8. Jahrhundert auf den Kontinent gelangte.

Die Funktion des Bechers dürfte von den meist aus Elfenbein gefertigten Pyxiden der Spätantike abzuleiten sein, die als Behältnisse für geweihtes, eucharistisches Brot dienten. Ihren Weg an den Rand des Karolingerreiches könnte die Pyxis am Ende des 8. Jahrhunderts im Rahmen der Slawenmission gefunden haben.

Ulfberht-Schwert und Prunkspatha
1. Hälfte 9. Jh., Fundort: aus dem Rhein bei der Friesenheimer Insel, Mannheim, und aus dem Donaukies bei Neuburg, Eisen, Knauf, Knaufplatte und Parierstange messingplattiert und silbertauschiert, L. 78 cm, B. 6 cm, Inv. Nr. FG 2187 und FG 2188

Im Jahr 1960 wurde bei Baggerarbeiten am Altrhein ein sog. Ulfberht-Schwert geborgen. Es gehört zu einer Gruppe von Schwertern des 9. bis 11. Jahrhunderts, deren aus hervorragendem Stahl gefertigte Klingen mit dem Namenszug des Schwertfegers VLFBERHT und einer rückseitigen Eisentausia signiert sind. Der Herstellungsort der Schwerter lag wahrscheinlich im Rhein-Maasgebiet. Schwerter dieser Zeit sind uns über Handel oder Kriegszüge vor allem vom Nord- und Ostrand des karolingischen Gebietes bekannt. Das Schwert (Prunkspatha) aus Neuburg ohne Inschrift zählt in seiner Gestaltung zu den Vorläufern der Ulfberht-Schwerter.

Ardennenkreuz

Nordfrankreich oder Westdeutschland, 2. Viertel 9. Jh., Holzkern, vergoldetes Kupferblech, Goldfiligran, Edelsteine, Glasflüsse, 73 : 45 cm, Inv. Nr. KG 763

Das nach seiner mutmaßlichen Herkunft aus einem Stift in den Luxemburger Ardennen benannte Vortragekreuz gehört zu den wenigen erhaltenen Großkreuzen mit Edelsteinschmuck, „crux gemmata" genannt. Unter dem großen Bergkristall des Mittelstücks befand sich einst wahrscheinlich eine Kreuzreliquie. Gemmenkreuze, die den Sieg Christi über Sünde und Tod symbolisieren und Zeichen seiner Wiederkehr und himmlischen Herrschaft sind, wurden vom 5. bis 12. Jahrhundert in der christlichen Liturgie verwendet.

Hedwigglas

Byzanz oder Naher Osten (?), 12. Jh., Glas, geschnitten, H. 9,7 cm, Inv. Nr. KG 564

Das Glas mit zwei schreitenden Löwen und einem Greif zwischen Palmetten gehört zu einer Gruppe von Hochschnittgläsern, die man unter dem Namen Hedwiggläser kennt. Sie sind benannt nach der 1243 gestorbenen hl. Hedwig, der Schutzpatronin Schlesiens, von der die Legende berichtet, in ihren Händen und in einem solchen Glas habe sich Wasser in Wein verwandelt. Von diesen Gläsern wurde der Name auf ähnliche Gläser übertragen. Der hier gezeigte Becher erhielt in gotischer Zeit eine kupfervergoldete Fassung, die auf eine Verwendung als Meßkelch hindeutet.

Elfenbeinrelief

St. Gallen, um 900, 23,5 : 9,8 cm, Inv. Nr. Pl. O. 311

Das von einem Buchdeckel stammende Elfenbeinrelief zeigt drei mit fleischiger, aber plastisch reich angelegter und fein differenzierter Blattwerkornamentik gefüllte Felder. Im Kreisrund des Mittelquadrates steht ein Vogel, der als Adler gedeutet werden kann und damit entweder auf den Evangelisten Johannes oder aber auf Christus selbst verweist. Das Stück entstand in der dem berühmten Skriptorium angeschlossenen Elfenbeinschnitzerwerkstatt der Benediktinerabtei, die vom 9. bis zum 11. Jahrhundert eine der bedeutendsten klösterlichen Pflegstätten für Kunst und Geisteskultur im Abendland darstellte.

Buchdeckel des Codex Aureus aus Echternach

Trier, 985–991, Holz, Goldblech, Zellenschmelze, Edelsteine, Perlen, 44 : 31 cm, Inv. Nr. KG 1138

Der Deckel war ein Geschenk der Kaiserin Theophanu (gest. 991) und ihres Sohnes Otto III. (983–1002) an die Benediktinerabtei Echternach bei Trier. Die Elfenbeinplatte mit Kreuzigungsdarstellung rahmen figürliche Treibarbeiten in Goldblech. Die Eckfelder zeigen die Personifikationen der vier Paradiesflüsse mit den Evangelistensymbolen, auf den seitlichen Reliefs sind die Gottesmutter, der Apostel Petrus und die drei heiligen Missionsbischöfe Willibrord, Bonifatius und Liudger sowie der Ordensgründer Benedikt und die Stifter Theophanu mit ihrem Sohn Otto dargestellt. Die Goldreliefs und das Elfenbein werden durch breite Bänder gerahmt, auf denen Edelsteine und Filigranranken mit Zellenschmelzplättchen abwechseln; die Schmuckbänder, die den inneren und äußeren Rahmen verbinden, deuten eine Kreuzform an. Die Anordnung der Schmuckteile sowie Formen und Farben der Zellenschmelze zeigen enge Parallelen zu Goldschmiedearbeiten, die in der für Erzbischof Egbert tätigen Werkstatt in Trier, einer der bedeutendsten der Zeit, gearbeitet wurden. Der Deckel schmückte einst den in der Abtei Echternach geschaffenen „codex aureus" (Goldenes Buch).

Codex Aureus aus Echternach
Szenische Darstellungen zur Kindheit und Taufe Christi, Echternach, um 1030, Pergamenthandschrift, 44,5 : 31,0 cm, Signatur Hs. 156142

Die Mönche der Abtei Echternach schufen für den der Abtei von Kaiserin Theophanu geschenkten Prachteinband eine Evangelienhandschrift, die inhaltlich der kanonischen Form der Evangeliare folgt. Auf die Vorrede des Kirchenvaters Hieronymus an Papst Damasus folgen eine weitere Vorrede zum Gebrauch der Kanontafeln und schließlich die Evangelien. Durch aufwendige Gestaltung und bildliche Darstellungen aus dem Leben Christi hebt sie sich von den anderen in Echternach geschaffenen ottonischen Evangelienhandschriften ab. Der Text dieses „Goldenen Buches" ist in Gold auf Pergament geschrieben und mit Initialen verziert.

Die Handschrift ist reich mit Bildern ausgestattet. Am Beginn thront Christus zwischen Evangelisten und Propheten. Auf den zehn mit Arkaden geschmückten Kanontafeln werden die vergleichbaren Textstellen der einzelnen Evangelien nebeneinander gestellt. Jedes der Evangelien wird einleitend illustriert, indem auf eine Doppelseite, die mit einem byzantinische Seidenweberei nachahmenden Ornament geschmückt ist, vier Seiten mit szenischen Darstellungen aus dem Leben und Wirken Christi folgen. Die Szenen sind jedoch nicht immer dem nachfolgenden Evangelium entnommen, sondern chronologisch zusammengefaßt. So sind dem Matthäusevangelium die Verkündigung an Maria, die Geburt Jesu mit der Flucht nach Ägypten, die Taufe und die Berufung der ersten Jünger vorangestellt, während dem Markusevangelium die Wundertaten und dem Lukasevangelium die Gleichnisse zugeordnet sind. Das Johannesevangelium vollendet den Lebenszyklus Christi mit dem Einzug in Jerusalem, dem Verrat, dem Leiden und Sterben Christi bis zu seiner Auferstehung und Himmelfahrt sowie dem Pfingstwunder. Danach folgen Bilder der jeweiligen Evangelisten als Verfasser der anschließenden Texte.

König Otto III. verleiht dem Kloster Nienburg a. d. Saale Markt und Münze zu Hagenrode

Derenburg a. d. Holzemme, 993, Tinte auf Pergament mit durchgedrücktem Siegel in naturfarbenem Wachs, 52,5 : 67 cm, Signatur Or. Perg. 993 Juli 29

Königsurkunden zeichnen sich durch besondere äußere Formen aus, die auch als Beweis ihrer Echtheit gelten. Dazu gehören z. B. das C-förmige „Chrismon" vor dem Text und die langgezogene „Gitterschrift" in der ersten Zeile sowie neben dem Siegel in der „Signumzeile", in der auch das H-förmige Monogramm des Königs steht. Die Beglaubigung der Urkunde erfolgt durch die Besiegelung und die eigenhändige Ausführung des Querbalkens im Monogramm, des sogenannten Vollziehungsstrichs, durch den König. In der letzten Zeile sind Datum und Ausstellungsort angegeben.

Reliquienbeutel
Trier, um 993, roter und purpurfarbener Seidensamit, Goldstickerei, Perlen, Metallappliken, Schmucksteine, 15 : 13 cm, Inv. Nr. KG 562

Der kostbare Seidenbeutel wurde möglicherweise zur Aufbewahrung einer Kreuzreliquie angefertigt, die Bischof Bernward von Hildesheim von Kaiser Otto III. erhalten hatte. Die purpurfarbene Vorderseite ist mit Goldborten, Schmucksteinen, Perlen und vergoldeten Plättchen, deren mittlere durch Almandine als Kreuz hervorgehoben sind, verziert. Die Rückseite zeigt ein Kreuz mit Christusmonogramm in Goldstickerei. Der Vergleich mit Werken der Goldschmiedekunst erlaubte die Bestimmung des früher als byzantinisch geltenden Beutels als Trierer Arbeit des ausgehenden 10. Jahrhunderts.

Reliquienostensorium
Fatimidischer Bergkristall von 1021/1036, Montierung Venedig, um 1350, Silber, vergoldet, Reliquientafel später erneuert, H. 42 cm, Inv. Nr. KG 695

Im Mittelalter arbeitete man gerne fremdländische Objekte in liturgische Geräte ein. So montierte ein venezianischer Goldschmied diesen fatimidischen Bergkristallring – ehemals Bestandteil eines Pferdegeschirrs – mit dem eingeschnittenen Namen des Fatimidenkalifen Ez-Zähir, der 1021–1036 regierte, in ein Reliquienschaugefäß. Auf dem Zapfen oberhalb des Kristallrings stand bis zur 2. Hälfte des 19. Jahrhunderts ein kleines Kreuz. Das Ostensorium stammt aus der Schatzkammer der Wiener Hofburgkapelle.

Kostbare, am Oberarm getragene Armspangen, in den lateinischen Texten „armillae“ genannt, gehörten im Mittelalter zum Ornat der deutschen Könige und Kaiser. Schon in den germanischen Königreichen wurden silberne und goldene Armspangen nicht nur von Frauen, sondern auch von Männern getragen.

Schmuck und Herrschaftszeichen

1180

Sie bedeuteten, daß der Träger reich war und in der Gunst des Königs stand. Die armillae gehörten in der Folgezeit auch zum Königsschmuck der Karolinger und entwickelten sich allmählich zum Zeichen des Königtums, zur Insignie: In der um 960 aufgesetzten Königsordo wird festgelegt, daß der König zu seinen anderen Herrschaftszeichen auch armillae erhalten solle.

Aus dem 12. Jahrhundert, der Regierungszeit Kaiser Friedrich Barbarossas (1152–1190), sind vier Armspangen bekannt, die paarweise zusammengehören. Bei den staufischen Spangen handelt es sich um gebogene, emaillierte Kupferplatten mit seitlichen Löchern zur Befestigung am Oberarm.

Ein Paar gehörte einst zu den Reichskleinodien, die von 1424–1796 in Nürnberg verwahrt wurden; man wollte sie vor den französischen Revolutionstruppen über Regensburg nach Wien in Sicherheit bringen, wobei sie jedoch verloren gingen. Die Originale sind uns durch Zeichnungen und danach gefertigte Kupferstiche von Johann Adam Delsenbach (gest. 1765) sowie durch Beschreibungen überliefert. Der eine Armreif zeigt auf blau emailliertem Grund, in

Gold hervorgehoben, die Geburt Christi, der andere die Darbringung Christi im Tempel. Die Inschriften an den Rändern der Platten lassen vermuten, daß es sich um Armspangen für eine Königin oder Kaiserin handelt. Eine unmittelbare Parallele zu den armillae aus den Reichskleinodien bildet das heute noch erhaltene Paar mit den Darstellungen der Auferstehung im Louvre in Paris und der Kreuzigung Christi im Germanischen Nationalmuseum. Diese beiden Armspangen gehören zu den bedeutendsten Denkmälern der Emailkunst des Rhein-Maas-Gebiets in der 2. Hälfte des 12. Jahrhunderts.

Charakteristisch für den rheinisch-maasländischen Grubenschmelz sind die emaillierten Darstellungen vor vergoldetem Kupfergrund in den Farben Blau, Grün, Rot und Gelb in unterschiedlichen Farbabstufungen. Es wird vermutet, daß diese künstlerisch hochrangigen Arbeiten einst zum Herrscherornat Friedrich Barbarossas oder seines Sohnes Heinrich VI. gehörten. Erst um 1900 wurde man wieder auf die Armspangen aufmerksam. Sie befanden sich zu dieser Zeit in Wladimir, nordöstlich von Moskau: Die Auferstehungsplatte soll im Schatz der Kathdrale von Wladimir, die Kreuzigungsplatte in einem Kloster in deren Nähe aufbewahrt gewesen sein. Sie könnten einst zum Besitz des Großfürsten Bogoljubski (1157–1174), der die Kathedrale errichten ließ, gehört haben. Da dieser Beziehungen zu Friedrich Barbarossa unterhalten hatte, könnte der Kaiser die armillae dem Großfürsten geschenkt haben. Die Kreuzigungsplatte konnte 1978 erworben werden. R. E.

Armilla (Oberarmschmuck)
Kupfer, vergoldet,
Email (Grubenschmelz),
Rhein-Maas-Gebiet, 1170–80,
11,5 : 17 : 4,5 cm,
Inv. Nr. KG 1239

Das Gegenstück
zur Nürnberger Armilla
befindet sich im
Louvre in Paris.

Grabfigur des Grafen Heinrich III. von Sayn
Mittelrhein, 1247/48, Eichenholz mit Resten alter Fassung,
H. 293 cm, Inv. Nr. Pl. O. 2299

Ursprünglich lag die monumentale, von einem Baldachin überhöhte Figur auf einer Tumba in der ehemaligen Prämonstratenser-Klosterkirche am Fuß der Burg Sayn bei Koblenz. Heinrich III., Inhaber mehrerer Grafschaften und Vogt bedeutender rheinischer Stifte, war einer der mächtigsten Dynasten an Mittel- und Niederrhein. Er starb kinderlos 1247. Kurze Zeit später folgte ihm seine nachgeborene Tochter, die zu seiner Rechten dargestellt ist. Es handelt sich daher um das erste bekannte Grabmal in der deutschen Sepulkralskulptur, das Kinder neben ihren Eltern darstellt. Wie in der nordeuropäischen Kunst üblich, erscheint der Graf liegend, aber mit geöffneten Augen als Ausdruck des christlichen Glaubens an das ewige Leben. Auch die Blütenkränze auf den Häuptern und die Baldachinarchitektur kennzeichnen die Toten als ins ewige Leben, ins Himmlische Jerusalem Eingegangene und an den himmlischen Freuden Teilhaftige. Löwe und Drache unter den Füßen stellen daher Zeichen der überwundenen Welt und des Bösen dar. Die subtile schnitzerische Gestaltung der Oberfläche und die liebevolle Wiedergabe von Details erklären das Holzbildwerk nebst seinen Ausmaßen zu einer der bedeutendsten deutschen Grabfiguren des 13. Jahrhunderts.

1247/48

Astrolab

Syrien, Al-Sahl al-Nisaburi, 1180–1280, Messing, gegossen, gefeilt, graviert, Silbertauschierungen mit Gravuren, H. 25,5 cm, Inv. Nr. WI 20. Leihgabe der Stadt Nürnberg

In der Antike war eine staunenswerte Fülle von naturwissenschaftlichen Kenntnissen erarbeitet worden, die im Abendland bei den Wirren der Völkerwanderung und der Christianisierung teilweise zufällig, teilweise bewußt zerstört worden sind. Anders im islamischen Kulturbereich, wo durch behutsame Übernahme versucht wurde, den antiken Wissensstand zu erhalten und zu erweitern. Im Verlauf der nicht nur kriegerischen Kontakte zwischen Abendland und Morgenland sind seit den Kreuzzügen diese Kenntnisse auf direktem Wege, aber auch über die Iberische Halbinsel und über Sizilien nach Europa gebracht worden. Sie wurden während der Frührenaissance das Fundament der später weltweit anerkannten europäischen Naturwissenschaften. Unter den wissenschaftlichen Instrumenten, die auf diesem Wege nach Europa gebracht wurden, war auch das Astrolab, ein geniales Gerät für astronomische Berechnungen und Beobachtungen. Das vorliegende Stück, eines der schönsten islamischen dieses Typs, gehörte dem Ayyubidenfürsten Al-Malik al-Muzaffar Taqi al-Din in Hama, Syrien. In späteren Zeiten mit zusätzlichen Einlegscheiben versehen, war es dann auch für europäische Breitengrade verwendbar. Offenbar schon im Mittelalter kam es nach Nürnberg und gelangte 1877 aus der Bibliothek der alten Reichsstadt ins Germanische Nationalmuseum.

Drei Aquamanilien (Gießgefäße)
Zwei Löwen, Norddeutschland, um 1200; Hahn, Nürnberg, um 1400, Messing, gegossen, H. 21,4, 24, 30,6 cm, Inv. Nr. KG 490, 491, 493

Vom 12. bis 16. Jahrhundert wurden Gießgefäße als Metallarbeiten in Form von Tier- oder Menschengestalten gefertigt. Sie dienten zum Waschen der Hände beim Ritus der Meßfeier, fanden aber auch im Zeremoniell der höfischen Tafel Verwendung. Das Germanische Nationalmuseum besitzt eine der größten Sammlungen mittelalterlicher Aquamanilien unterschiedlichster Gestalt.

Staufische Brakteaten
Friedrich I. Barbarossa (1152–1190), Königliche Münzstätten: Altenburg, Erfurt, Gelnhausen, Inv.Nr. Mü 18645, 18696, 18703. – Bischöfliche Münzstätten und Reichsabteien: Halberstadt, Bischof Gardolf (1193–1201); Quedlinburg, Äbtissin Beatrix II. (1138–1160); Magdeburg, Erzbischof Wichmann (1152–1192); Erfurt, Erzbischof Heinrich (1142–1153), Inv. Nr. Mü 18312, 5722, 18687, 17472. – Weltliche Dynastien: Herzogtum Sachsen, Heinrich der Löwe (1142–1195), Münzstätte Braunschweig; Herren von Arnstein, Walter II. (1135–1176), Münzstätte Hettstedt; Grafschaft Münzenberg, Kuno (1151–1212), Inv. Nr. Mü 17458, 5766, 18273

Im 12. und 13. Jahrhundert, etwa zur Zeit der staufischen Kaiser, erreichte die Münzkunst in Deutschland eine Blüte, die sie unter die großen künstlerischen Bestrebungen dieser Zeit einreiht. Die Münzbilder wurden einseitig auf große, häufig papierdünne Metallplättchen geprägt, die mit weniger als einem Gramm Gewicht in zeitgenössischen Quellen „Hohlpfennige“ heißen und seit dem Barock „Brakteaten“ genannt werden. Häufig setzten die Münzherren den Patron ihres Bistums oder ihrer Reichsabtei auf die Münze, aber auch Fürsten und ihre Wappen wurden dargestellt. Hauptverbreitungsgebiet dieser großen Brakteaten war Mitteldeutschland.

Romanischer Pfeiler
Prüfening bei Regensburg, 12. Jh., Kalkstein, 148 : 48 : 22 cm, Inv. Nr. A 2680

Die Benediktinerabtei Prüfening bei Regensburg ist eines der bedeutendsten mittelalterlichen Klöster in Deutschland. Der romanische Pfeiler stammt aus dem (abgebrochenen) Kreuzgang. In den rechteckigen Pfeilerblock ist eine Halbsäule eingearbeitet. Der Pfeiler hatte eine doppelte Arkade zu tragen. Er gehört zu den frühesten Erwerbungen des Germanischen Nationalmuseums und befand sich bereits 1856 in den Sammlungen.

Antependium aus Quern
Schleswig oder Jütland, um 1220/30, Eichenholzkern, Kupfer, vergoldet, Braunfirnis, 102 : 202,5 cm, Inv. Nr. Pl. O. 201

Die Vorderwand und gelegentlich auch die Seitenwände der Altäre durch Vorhänge oder künstlerisch gestaltete Tafeln aus Holz, Metall oder Stein zu schmücken, ist ein Brauch, der bis in die frühchristliche Zeit zurückreicht. Das aus Quern bei Flensburg stammende Antependium gehört zu einer Gruppe metallener Vorsatztafeln, von denen sich mehrere in Jütland erhalten haben. Die Reliefs aus Kupferblech zeigen den thronenden Christus in der Mandorla, umgeben von den Evangelistensymbolen; darüber schwebt die Taube, unter ihr steht das Lamm. Zu beiden Seiten stehen unter Rundbogenarkaden die zwölf Apostel. In späterer Zeit wurde der Altarvorsatz mit bemalten Flügeln ausgestattet und als Altaraufsatz verwendet.

Thronende Muttergottes
Südtirol (Pustertal), um 1230, Föhrenholz mit originaler Farbfassung, H. 60 cm, Inv. Nr. Pl. O. 22

Frontal und raumgreifend sitzt die Madonna mit dem reich und nahezu symmetrisch gefalteten Gewand auf einem aus gedrechselten Docken gebildeten Thron, der eine gute Vorstellung von einem Prunkmöbel der Zeit um 1200 abzugeben vermag. Bedauerlicherweise ging der ursprünglich auf dem linken Knie der Jungfrau sitzende Jesusknabe über die Zeiten verloren. Obzwar die in ihrer romanischen Blockhaftigkeit tief beeindruckende Skulptur im 19. Jahrhundert in einer Kapelle bei Bruneck aufgefunden wurde, darf schon aufgrund der hohen Qualität angenommen werden, daß sie ursprünglich für den Altar einer bedeutenderen Kirche bestimmt gewesen ist.

Reliquienschrein

Limoges, um 1300, Kupfer, vergoldet, Grubenschmelz, 37,6 : 20 : 43,5 cm, Inv. Nr. KG 674

Hausförmige Reliquienschreine wurden vom 12. bis 14. Jahrhundert in großer Anzahl in den Werkstätten von Limoges in Südwestfrankreich hergestellt und in alle Länder exportiert. Als besondere Eigenart Limousiner Emailarbeiten gelten separat gearbeitete Relieffiguren, die auf emaillierte Kupferplatten aufgenietet wurden. Auf dem Satteldach der Schauseite des Schreins tragen zwei Engel das Haupt des hl. Saturnin, des Patrons der Toulousaner Abtei St. Sernin. Auf der Rückseite befinden sich die Wappen der Stadt Toulouse neben denen Frankreichs und der Normandie.

1300

Der hl. Benedikt

Steiermark, 1295–97, Glasmalerei, 104 : 38 cm, Inv. Nr. MM 19

Fünf Scheiben der Chorverglasung der Kirche St. Walpurgis zu St. Michael bei Leoben gelangten in das Germanische Nationalmuseum, zehn verblieben an Ort und Stelle. Der Heilige und Ordensgründer ist einer geometrisierenden Rahmenform eingeschrieben, schlank und aufrecht, mit Buch und Abtsstab. In der Reihung entfalten die frontal gesehenen Figuren ihre volle Wirkung.

Siegelstempel

Benediktinerabtei Lambach, Oberösterreich, verwendet 1327–1569, Messing, vergoldet. – Zisterzienserkloster Camp am Niederrhein, 1335/1336, Messing. – Universität Heidelberg, 1386, Silber, Inv. Nr. SiSt 15, 6, 216.

Während im Altertum Siegel allein zur Sicherung von Verschlüssen aller Art benützt wurden, dienten sie seit dem Mittelalter außerdem der Beglaubigung von Urkunden und Verträgen. Mittelalterliche Siegelstempel haben sich nur in kleiner Zahl erhalten, da sie unbrauchbar gemacht werden mußten, wenn sie außer Gebrauch kamen. Oft wurden hervorragende Goldschmiede mit der Herstellung dieser Stempel betraut, die das Siegelbild – häufig Kirchenpatrone, Stifter oder auch Wappen – negativ in den Stempel schnitten. Äußerst feine und differenzierte Siegelbilder ließen sich im weichen Siegelwachs sehr präzise abformen.

Gotische Tür

Nürnberg, 14. Jh., Eichenholz, Schmiedeeisen, 238 : 123 cm, Inv. Nr. A 1686

Die eisenbeschlagene Tür mit dem Wappen des Heiligen Römischen Reiches Deutscher Nation (gekrönter Adler) sowie des Königreichs Böhmen (Löwe) stammt vermutlich aus der Zeit Kaiser Karls IV. oder seines Sohnes Wenzel. Sie hat wohl als Außentür in einem der damals erneuerten Gebäude der Nürnberger Burg gedient.

Topfhelm

Nürnberg, um 1350, Eisen, geschmiedet, geschliffen, genietet, Ringgeflecht aus genietetem Eisen- und Messingdraht, Bemalung und Vergoldung aus dem 17. Jh., Reste von Lederbesatz, H. 32 cm, Gewicht 3275 g, Inv. Nr. W 2801. Leihgabe der prot. Kirchengemeinde Kornburg

Bei der bis in das 13. Jahrhundert für die Mehrzahl der Krieger üblichen Körperrüstung aus Ring- oder Kettenpanzer trug man im Kampf über dem Ringschutz des Kopfes Topf- oder Kübelhelme, die aus einzelnen Eisenplatten zusammengenietet waren. Als komplizierte Plattnerarbeit des „galeator", des Helmschmiedes, avancierte der Topfhelm zum typischen Kennzeichen des adeligen Ritters. Nachdem er längst als Teil der Feldrüstung verschwunden war, lebt er bis heute als Sinnzeichen auf Wappen in Form eines Schildes mit aufgesetztem Helm weiter. Der vorliegende Topfhelm eines Rieter von Kornburg gilt unter rund zwei Dutzend überlieferten Exemplaren dieses Helmtyps als der besterhaltene.

Prophet
Wiener Neustadt, um 1360, Glasmalerei,
112,5 : 63,5 cm, Inv. Nr. MM 720

Den bärtigen Mann macht das Spruchband als Propheten kenntlich. Den rautengemusterten Grund akzentuieren Rosetten an den Schnittstellen der Bleiruten. Der auf schlanken Pfeilern ruhende Baldachin hat räumlichen Charakter. Statt der linearen Werte früherer Glasbilder sprechen bei der Figur das körperliche Volumen, der zusammenfassende Faltenwurf und die volle, warme Farbigkeit. Die Herkunft der Glasmalerei aus dem Dom von Wiener Neustadt ist nicht ganz gesichert.

Muttergottes mit Kind
Wiener Neustadt, um 1310, Glasmalerei,
110 : 61 cm, Inv. Nr. MM 717

1370

Maria trägt als Königin des Himmels eine Krone. Das Kind auf ihrem Arm hält eine Taube. Der Kreuznimbus weist auf Christi Erlösertod. Der untere Teil der Scheibe ging verloren, der zugehörige Architekturbaldachin ist erhalten. Der S-Schwung der Figur, das reiche Spiel der Parallelfalten und die weitaufgerissenen Augen mit dem beinahe gerade gezogenen Unterlid kennzeichnen Typus und Stil der hohen Gotik.

Muttergottes auf dem Löwenthron
Schlesien, um 1370, aus Rengersdorf, Grafschaft Glatz, Lindenholz mit ursprünglicher Fassung, H. 85 cm, Inv. Nr. Pl. O. 2876

In der schlesischen Kunst des 14. Jahrhunderts gehört die sogenannte Löwenmadonna zu den verbreiteten Typen der Mariendarstellung. Im Alten Testament wird der Thron des weisen Königs Salomon als von Löwen umstanden beschrieben. Die mittelalterliche Allegorese pries Maria als den „Neuen Thron Salomons", da in ihrem Schoß Christus, die ewige Weisheit und der „wahre Salomon", residiert. Ein schönes Beispiel für dieses Motiv ist die Rengersdorfer Skulptur, deren idealisierende Farbfassung vorzugsweise aus Gold und Silber besteht.

Handbüchse

Deutschland, vor 1399, Bronze, gegossen, gefeilt, gebohrt, L. 32 cm, Inv. Nr. W 2034

Noch während des 13. Jahrhunderts kämpfte man in ganz Europa mit Waffen, die meist Variationen einiger Grundtypen waren: Schwert, Lanze, Streitaxt und Bogen. Erst mit dem Ende des 13. oder Anfang des 14. Jahrhunderts entwickelten sich in Europa die Feuerwaffen. Einen Hinweis darauf gibt eine 1326 verfaßte Handschrift, in welcher der Rat von Venedig die Anfertigung von eisernen Kugeln und Metallröhren für die Verteidigung der Stadt veranlaßte. Die frühen Kanonen dürften einfache, vasenförmige oder gerade Rohre gewesen sein, welche mit Pulver und Kugeln aus Stein oder Metall, Pfeilen oder Lanzen gefüllt wurden. Die Ladung wurde dann durch eine Öffnung im Rohr, das Zündloch, gezündet.

Obwohl einige urkundliche Erwähnungen Handfeuerwaffen aus der Zeit vor 1400 bezeugen, gilt als bisher älteste datierbare Handfeuerwaffe die abgebildete sogenannte Tannenberg-Büchse, welche in den Ruinen der 1399 durch Artilleriebeschuß zerstörten hessischen Burg Tannenberg gefunden wurde. Abgefeuert wurde die Büchse durch eine glühende Lunte, die der Feuerschütze an das Zündloch hielt. Eine rückwärtig eingegossene Halterung diente zur Aufnahme eines hölzernen Schaftes, um während der Handhabung beim Schießen den Rückschlag und die Hitze des Metalls zu mindern. Die Feuerwaffen hatten neben der zerstörerischen auch eine demoralisierende Wirkung, indem die Gegner durch herausschlagende Flammen und austretenden Rauch eingeschüchtert wurden; viele erkannten in dem Feuerschießen eine Erfindung des Teufels. Mit der Verwendung des Schießpulvers, das „alle Menschen gleich groß machte" und dem Einzug von Feuerwaffen verloren die traditionellen Waffen an Bedeutung, der Krieg als „ritterliches Geschäft" war endgültig vorbei.

1380

Schalmeibläser, „Hansel“
Nürnberg, um 1380, Bronzehohlguß, ursprünglich farbig gefaßt, H. 118 cm, Inv. Nr. Pl. O. 2204.
Leihgabe der Stadt Nürnberg

Der Spielmann, der mit keck gekreuzten Beinen, knapp anliegendem, vor der Brust wattiertem Leibrock, tiefsitzendem Kettengürtel, modischen Schnabelschuhen und blütenbekränzt auf dem Brunnenstock sitzt, tritt im Kostüm des jugendlichen Geckens auf. Ursprünglich zierte er den Brunnen im vorderen Hof des Nürnberger Heilig-Geist-Spitals und spendete aus seiner Schalmei den dort wohnenden Kranken und Siechen das lebensnotwendige Wasser. Wahrscheinlich sollte die Figur des blumengeschmückten, musizierenden Jünglings – eingedenk der mittelalterlichen Metaphorik – daher an dieser Stelle die Vergänglichkeit des Lebens, die den Tönen ähnliche Flüchtigkeit von Jugend und Schönheit immer wieder ins Gedächtnis rufen. Als Hohlguß in dieser Größe und aus einem Stück bestehend, stellt die Plastik nicht nur eine bemerkenswerte künstlerisch-technische Leistung der Zeit dar, sie dokumentiert auch ein frühes Stadium der Entwicklung der Bronzegußtechnik in Nürnberg selbst. Denn der „Brunnenhansel“ ist der älteste erhaltene Bronzehohlguß in dieser Stadt.

1390

Drachenkampf des heiligen Georg

Maasland (Lüttich), um 1390, Eichenholz mit originaler Farbfassung, H. 40 cm, Inv. Nr. Pl. O. 3199

Vollrund ausgearbeitet zeichnet sich die Skulptur durch eine außerordentliche Raffinesse in der organischen Durchbildung und eine exklusive Zierlichkeit aus. Die schraubenförmige Drehung des grazil stilisierten Leibes des Ritters verleiht dem Bildwerk zudem eine spannungsreiche Tiefe und eine äußerst schwungvolle Dynamik. Großen Wert legte der Schnitzer auf die Gestaltung der reichen Details der prächtigen goldenen Rüstung und des kostbar ornamentierten Zaumzeugs. Stilistische und motivische Entsprechungen in der gleichzeitigen franko-flämischen und in der Pariser Buchmalerei belegen, daß der Künstler der Avantgarde seiner Zeit angehörte.

Bildteppich mit ritterlichen Spielen
Oberrhein(?), um 1380, Wirkerei, Leinenkette, Wolle, 142 : 390 cm, Inv. Nr. Gew 668, Detail

Der großformatige Behang mit Spielszenen in einer von Burg, Klosteranlage und Mühlengebäude beherrschten Landschaft ist ein herausragendes kulturhistorisches Dokument. Mit Freude am Detail sind zeitgenössische Spiele wie Blindekuh, Quintaine und Schinkenklopfen wiedergegeben, die auch im gesellschaftlichen Leben der Erwachsenen ihren Platz hatten. Die Minnekönigin wohnt den von Männern und Frauen gemeinsam unternommenen Spielen bei. Zwei Stifterwappen am rechten Rand des Teppichs kennzeichnen ihn als bürgerlichen Auftrag.

Maria und Elisabeth mit ihren Kindern bei häuslicher Arbeit
Nürnberger Meister, um 1410/20, Gemälde auf Fichtenholz, 95 : 138,5 cm, Inv. Nr. Gm 1087. Miteigentum der Stadt Nürnberg

Maria sitzt am Spinnrocken, ihre Base Elisabeth an der Garnhaspel, beide mit hausfraulicher Arbeit beschäftigt. Es sind dieselben Frauen, die sich als werdende Mütter auf Bildern der Heimsuchung begegnen. Nun spielen die Kinder bereits zu ihren Füßen. „Sieh hin Mutter, Jesus tut mir (etwas)“, beschwert sich Johannes, der spätere Täufer, da der auf Gottes Ratschluß ganz zum Menschen gewordene Christus ihm eine Pfanne oder Kasserolle streitig macht. Das Bild gehörte zu einem vielteiligen Altarwerk, vermutlich zum Hochaltar der Nürnberger Frauenkirche.

Goldgulden und Guldiner
Münzen der vier rheinischen Kurfürsten: Mainz, Erzbischof Adolf, 1386/90 und Erzbischof Johann II., 1399; Köln, Erzbischof Friedrich III., um 1412; Trier, Erzbischof Werner, 1414–1417; Pfalz, Pfalzgraf Ruprecht I., 1380–1385, Inv. Nr. Mü 16247, 16239, 30544, 10573, 31295. – Königliche Münzstätten: Nürnberg, König Sigismund (1410–1437); Basel, Interregnum 1439/1440; Groningen, Friedrich III. (1452–1493), Inv. Nr. Mü 24864, 30554, 30556. – Großsilbermünzen: Pfundner, Erzherzog Sigismund von Tirol, 1484; „Klappmützentaler", Friedrich, Johann und Georg, Herzöge von Sachsen, Gemeinschaftsprägung 1507–1525, Inv. Nr. Mü 17186, 12694

Als 1385 die vier rheinischen Kurfürsten vereinbarten, gemeinsam Goldmünzen nach dem Florentiner Vorbild „Fiorino" zu prägen, schufen sie mit dem rheinischen Goldgulden eine Leitwährung, der sich die meisten deutschen Münzstände anschlossen. Gegen Ende des 15. Jahrhunderts, als umfangreiche Silbervorkommen in Tirol und im Erzgebirge abgebaut werden konnten, wurden erstmals Großsilbermünzen geprägt, die in ihrem Wert einem Goldgulden entsprechen sollten. Da es nicht gelang, Gold- und Silberpreise konstant zu halten, konnte es auch kein festes Verhältnis zwischen Gold- und Silbermünzen geben.

Der Apostel Bartholomäus
Nürnberg, um 1400, gebrannter Ton, ursprünglich farbig gefaßt, H. 65 cm, Inv. Nr. Pl. O. 232,

Die Figur des auf einer reichverzierten Thronbank sitzenden Jüngers Christi gehört zu einer Apostelfolge aus einer Nürnberger Kirche, von der das Museum sechs Stücke besitzt. Die differenzierte Formung des üppigen Bartes und der gelockten Haare, des in weiche, voluminöse Faltenzüge drapierten Gewandes sowie die zartgliedrige Ausführung von Antlitz und Händen erklären sie zu Hauptwerken der Nürnberger Tonplastik und zu herausragenden plastischen Arbeiten des sogenannten Schönen Stiles. Das der kraftvollen Gestalt von ihrem Meister verliehene hohe Pathos reflektiert zudem dessen Kenntnis französischer Monumentalskulptur seiner Zeit.

Kästchen

Österreich, um 1400, Leder über Holz, getrieben, geschnitten, Eisenbeschläge, 16 : 25 : 13 cm, Inv. Nr. HG 292

Im Spätmittelalter waren reich verzierte Kästchen aus Leder und Holz sehr beliebt. Seit dem 19. Jahrhundert nannte man sie auch „Minnekästchen"; die Bezeichnung entspricht der Vorstellung, ein Ritter habe sie – mit Schmuck gefüllt – seiner Dame überreicht. Vermutlich dienten diese Kästchen jedoch zur Aufbewahrung von Urkunden, Arzneien oder auch Reliquien. Letzteres könnte auf diesen Kasten zutreffen, da auf dem Dach ein Pelikan dargestellt ist, der sich das Blut als Nahrung für seine Jungen aus der Brust saugt, sowie ein von einem Hund gejagtes Einhorn, beide Darstellungen Sinnbilder für Christus.

Marientod

Nürnberg (?), um 1420/30, Holzschnitt, koloriert, 28,5 : 39,0 cm, Inv. Nr. H 2

Die spätmittelalterliche Laienfrömmigkeit mit ihrem wachsenden Bedarf an privaten Andachtsbildern förderte die Entstehung der neuen Bilddrucktechniken – des Holzschnitts und des Kupferstichs.

Zu den bevorzugten Themen der frühen Andachtsgraphik gehört auch die Darstellung Mariae auf dem Sterbebett, umgeben von den zwölf Aposteln. Ihr Vorbild eines „guten Sterbens" sollte den Gläubigen Trost spenden und Sterbehilfe leisten.

Der schwingende, ornamentale Linienfluß des frühen Holzschnitts offenbart die graphischen Qualitäten des „weichen Stils" vom Anfang des 15. Jahrhunderts.

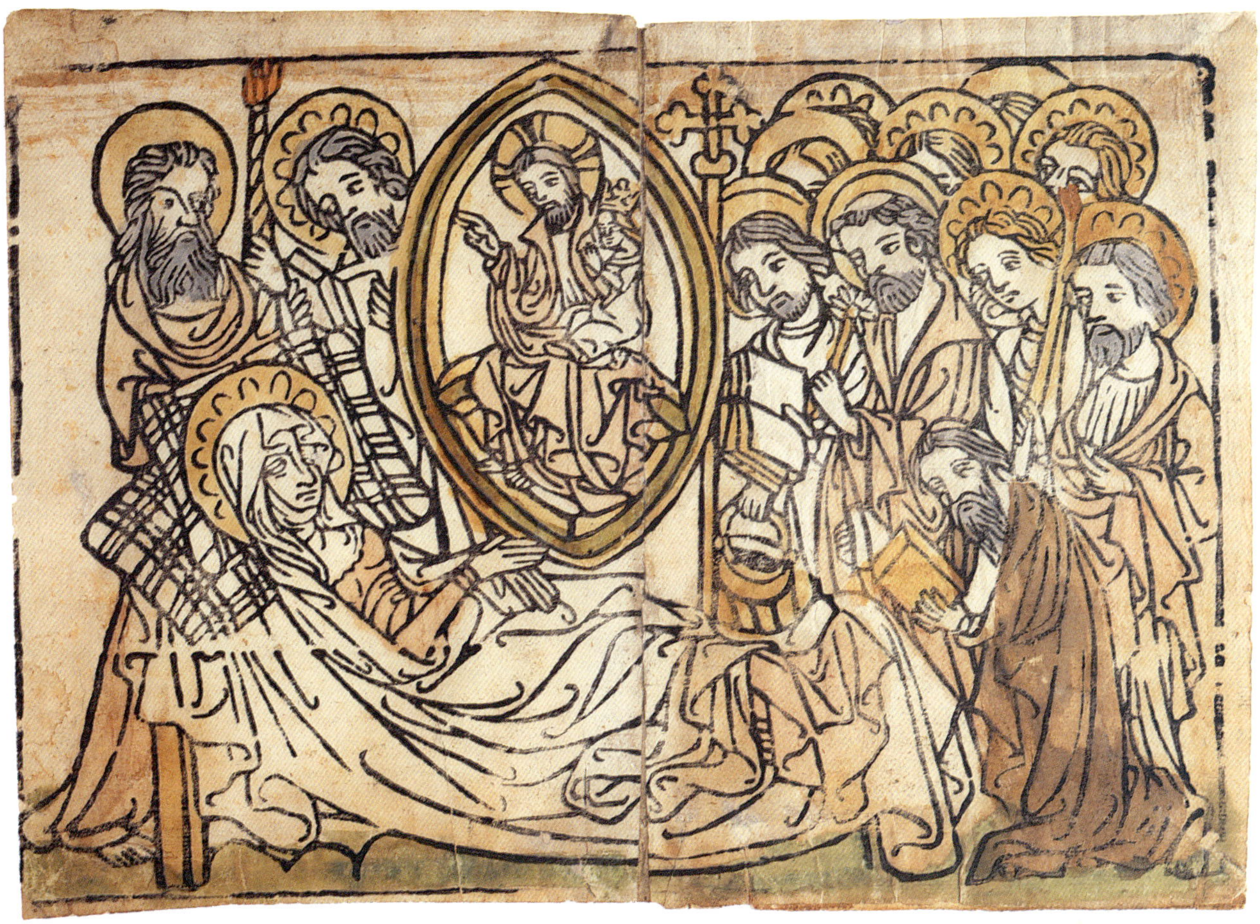

Antependium aus dem Zisterzienserinnenkloster Tiefenthal
Mittelrhein, um 1430, mehrfarbige Seidenstickerei auf Leinengrund, 57-61 : 177 cm, Inv. Nr. Gew 4292, Detail mit hl. Bernhard

Die Stickerei des textilen Altarvorsatzes zeigt drei von spätgotischen Architekturrahmen umgebene Heiligenszenen. Die Auferstehung Christi im Zentrum flankiert rechts ein Bild der hl. Elisabeth von Thüringen. Die linke Szene zeigt den Gründer des Zisterzienserordens Bernhard von Clairvaux, in dessen Schutz sich auf höchst anschauliche Weise die im weiten Ärmel des Heiligen geborgene, durch ein Schriftband als „katterina de altavilla" kenntliche Äbtissin des Klosters begeben hat.

Konrad von Würzburg, Trojanerkrieg

Eroberung Trojas, Oberrhein (?), 1441, lavierte Federzeichnung auf Papier, 41 : 28 cm, Signatur Hs. 998

Im Mittelalter war das aus der Antike überlieferte Epos Homers vom Trojanischen Krieg ein beliebter Text. Konrad von Würzburg (um 1225–1287) gab ihm in deutscher Sprache eine dichterische Gestaltung, die in diesem Manuskript in einer Abschrift aus dem Jahre 1441 vorliegt. Dem Text sind 88 Illustrationen beigegeben, in denen das blutige, aber auch listige Kampfgeschehen zwischen Griechen und Trojanern und schließlich die Eroberung Trojas mit Hilfe des eingeschleusten Pferdes eindrücklich geschildert werden.

Bildteppich mit Wilden Leuten

Straßburg, um 1420, Wirkerei, Leinenkette, Wolle, Stickerei, 85 : 132 cm, Inv. Nr. Gew 3806

Das Teilstück eines ehemals über 450 cm langen Behangs zeigt Szenen aus dem Leben der Wilden Leute. Links erkennt man die in einem prächtigen Zelt tafelnde Königin und ihre Begleiter. In der folgenden Episode, die auf dem abgeschnittenen Anschlußstück ihre Fortsetzung findet, erstürmen berittene Männer mit Zweigen und Blumen eine Burg. Die mittelalterliche Vorstellung schuf die bunt behaarten Wildmenschen als Gegenbild zum realen Leben der höfischen Gesellschaft, dessen Vergegenwärtigung stets auch den Reiz der Umkehr beider Welten in sich trug.

Standuhr Herzog Philipps des Guten von Burgund
Burgund, um 1430, Messing, vergoldet, Email, H. 48 cm, Inv. Nr. HG 9771

Zu den Prunkstücken, die in ihrer Zeit insbesondere wegen ihrer Mechanik faszinierten, gehört die älteste erhaltene Uhr mit Federzug und Räderwerk aus dem Besitz Herzog Philipps des Guten. Sie hat die Gestalt einer Kirchenarchitektur, wie sie ebenso für Reliquiare und anderes Gerät benutzt wurde. Das Zentrum des Gehäuses bildet das blauemaillierte Zifferblatt, das einer Fensterrose gleicht. Der gesamte Aufbau ruht auf einem von vier Hunden gestützten Sockel. Glocke und Uhrwerk sind im Sockel verborgen, die Schnecken von Geh- und Schlagwerk sind hinter dem Zifferblatt auf zwei kleine hausartige Gebilde verteilt. Figürchen stehen in den Strebepfeilern, hockende Löwen sind Schmuckelemente, die zugleich der Befestigung einzelner Teile dienen. Bestimmte Vorrichtungen weisen darauf hin, daß einst oberhalb des Zifferblattes Automatenfigürchen befestigt waren, die stündlich Kopf und Arme bewegten. Die beiden Löwen auf den Turmspitzen halten das burgundische Wappen und den Feuerstahl des Ordens vom Goldenen Vlies, den der Herzog 1430 gründete.

Der „Erdapfel" des Martin Behaim
Nürnberg, 1491–93, nach Entwurf Martin Behaims (1459–1507) bemalt von Georg Glockendon d. Ä. (gest. 1514), Kugel: Ruprecht Kolberger (1470–1505), aus mehreren Schichten geleimten Leinenstoffes, Pergament, mit Papier beklebt und bemalt, Gestell: Schmiedeeisen, getrieben und gefeilt, Horizontring: Messing, gegossen, gefeilt und punziert, H. 133 cm, Dm. 51 cm, Inv. Nr. WI 1826

Viel älter als gemeinhin angenommen ist die Vorstellung, daß die Erde eine Kugel und keine Scheibe ist. Dennoch entstand die älteste erhaltene Darstellung der Erde als Kugel, eines der wichtigsten Objekte der Kulturgeschichte, erst 1491–93. Martin Behaim, ein Nürnberger Patrizier, der am portugiesischen Königshof lebte, brachte bei einem Heimataufenthalt offenbar neues Kartenmaterial mit, um in Nürnberg nach modernster Druckmethode eine größere Anzahl Globen herstellen zu lassen. Der weltberühmte Behaim-Globus ist offensichtlich der Prototyp dieses Projekts gewesen. Er wurde später vom Rat der Stadt Nürnberg erworben und im Rathaus aufgestellt. Aufgrund sehr vieler Schrifteintragungen ist der „Erdapfel" Manuskript und Globus zugleich.

Nur wenige Jahre vor der Reise des Kolumbus entstanden, zeigt er noch das alte Weltbild ohne Amerika. Äußerst genau ist die afrikanische Westküste bis zum Kap gezeichnet, hingegen sehr spekulativ nach Marco Polo und Johann de Mandeville der riesige Kontinent Asien. Geburtsfehler aller Globen, der erst viel später getilgt werden konnte, war die zu große Einzeichnung der Alten Welt mit Europa und Afrika um das Mittelmeer. Aufgrund dieses Fehlers glaubte Kolumbus bis zu seinem Tode, Ostasien entdeckt zu haben. Erst Amerigo Vespucci erkannte, daß es sich bei den neu entdeckten Ländern um einen eigenen Kontinent handelte, der deshalb zurecht nach ihm „America", was Land des Amerigo bedeutet, benannt wurde.

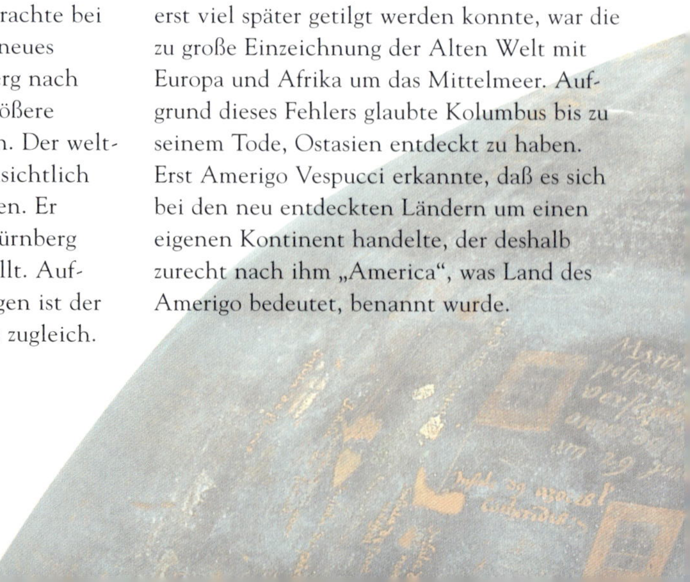

Ein Hostienfrevel in Regensburg
Regensburger Meister, um 1476, Gemälde auf Fichtenholz, 110 : 96,5 cm, Inv. Nr. Gm 1806. Leihgabe der Bayerischen Landesstiftung

Ein Dieb schüttet geweihte Hostien aus einer silbernen Pyxis in den Keller eines Hauses. Engel beschützen die Hostien und machen den Ort kenntlich. Das legendäre Ereignis ist in den städtischen Regensburger Alltag eingebettet: ein Platz mit einem Brunnen, eine Frau, die in einem Krug Wasser geholt hat und noch ein Schwätzchen hält, ein Mann, der sich bückt, um am Rohr des Brunnens zu trinken. Das Stadtbild ist mit Liebe zum Detail wiedergegeben.

Der Erzengel Gabriel verkündigt Maria, daß sie einen Sohn, den Messias, gebären werde. Er trägt wie üblich ein liturgisches Gewand, hier ein rotsamtenes Pluviale über der weißleinenen Albe. Er beugt das Knie vor der Magd Gottes. Seine Botschaft steht auf einem Blatt geschrieben: „ave maria gracia plena dominus tec(um)", d. i. Gegrüßt seist du Maria, voll der Gnaden, der Herr ist mit dir. Mit der Linken weist der Engel zum Himmel. Maria sitzt auf einer nicht sichtbaren Fußbank. Sie hält das Buch, in dem sie liest, nah zum Gesicht, das sie mit gesenkten Lidern dem Engel zuwendet. Blondes Haar fällt über ihre Schultern, ein großer Nimbus hinterlegt das Haupt. Sie trägt das traditionell ihr zukommende blaue Kleid.

Licht und Luft erfüllen den Raum

Erstaunlich sind der Raum und seine Wiedergabe: Dielen am Boden, eine durch Pfosten abgestützte, von Balken getragene Holzdecke, getünchte Wände, Tür- und Fensterleibungen aus Stein. Ist schon die Zimmermannsarbeit im Ganzen von verblüffender Genauigkeit und Suggestivkraft, so gilt das auch für die Detailbeobachtung. Sie folgt den Altersspuren und Veränderungen, den Rissen im Holz, dem abblätternden Putz, dem an den Fugen herunterlaufenden Mörtel. Aber es ist nicht nur das. Der Maler erfüllt den Raum mit Licht und Luft, unterscheidet zwischen der vom Außenlicht getroffenen und der im Gegenlicht stufenweise verschatteten Wand, weiß die Schlagschatten der Balken und des metallenen Türgriffs wiederzugeben und verfolgt den bildeinwärts geworfenen Schlagschatten eines Eckpfostens, der als solcher im Bilde garnicht dargestellt ist. Von einem bürgerlichen Innenraum ist dieser weit entfernt. Mit dem Fehlen schon der nötig-

1440/45

Konrad Witz (um 1400–1445/46)
Die Verkündigung an Maria, um 1440/45, Gemälde auf Leinwand über Tannenholz, 156,5 : 120 cm, Inv. Nr. Gm 878

sten Austattungsstücke geht ihm jede Wohnlichkeit ab, auf deren Darstellung sich die niederländischen Maler etwas zugute hielten. Dem lapidar gestalteten und einfühlsam erlebten Innenraum entsprechen die Figuren. Sie sind körperlich greifbar, von einfacher sinnfälliger Gebärdensprache und kräftigem Typus. Ihre Umrisse sind geschlossen, auch wenn sich reiches Faltenwerk am Boden staut.

Es fällt auf, daß der Maler weder die Taube des Hl. Geistes, noch Gottvater, der das Christuskind mit dem Kreuz zum Zwecke seiner Menschwerdung aussendet, dargestellt hat. Von den Mariensymbolen fehlt mit den Lilien das gängigste. Das Heilige kommt in diesem realistischen Konzept jedoch nicht zu kurz. Der Engel passiert die Türe, ohne sie zu öffnen, wie später der Auferstandene, als er unter seine Jünger tritt. Der bildeinwärts fallende Schlagschatten macht vor Maria halt, wohl in Analogie zu dem auf anderen Altarwerken vorkommenden, ihre Reinheit symbolisierenden Glas, durch das das Licht fällt, ohne Spuren zu hinterlassen. So bleibt der packende Realismus im Dienst der Vergegenwärtigung des Heiligen.

Nach dem höfischen „weichen" Stil, der ondulierende Linien und einen kindlichen Typus bevorzugte, ist die von Witz gebotene Sicht der Dinge der sichtbaren Wirklichkeit zugewendet. Das gilt auch für die abgespaltene Innenseite dieses Altarflügels im Basler Kunstmuseum, die vor Goldgrund die Begegnung von Joachim und Anna an der Goldenen Pforte zeigt. Ein drittes, vermutlich zu demselben Altar gehörendes Bild mit den heiligen Katharina und Maria Magdalena befindet sich im Museum in Straßburg. Witz, der vermutlich aus Rottweil in Württemberg stammte, war die längste Zeit in der Stadt Basel tätig, die erst 1501 den Eidgenossen sich anschloß. Man denkt, daß der Künstler seine Wanderjahre in den Niederlanden verbrachte, wo ihm beim Anblick der Altäre der van Eyck und des Meisters von Flemalle eine Welt aufging. Nichtsdestoweniger blieb er eigenständig und unverwechselbar, auch im Widerspruch zur internationalen Entwicklung. Von seinen Altarwerken steht keines mehr am Ursprungsort und sie sind nur noch in Teilen erhalten. Das Gemälde der Verkündigung an Maria entstand als eines seiner späten und reifsten Werke. K. L.

Hans Pleydenwurff (um 1420–1472)
Bildnis des Domherrn Georg Graf von Löwenstein, um 1456,
Gemälde auf Lindenholz, 34 : 25 cm, Inv. Nr. Gm 128

Der Bamberger Domherr ist ein Greis mit schütterem weißen Haar und durchscheinender, welker Haut. Als Pleydenwurff ihn porträtierte, zählte er achtzig Jahre. Er hält ein Gebetbuch in der schlanken Hand und blickt auf ein Ziel, das vor seinem inneren Auge steht, aber auf der zugehörigen Tafel, die sich im Basler Kunstmuseum befindet, auch real dargestellt ist: Christus in Gestalt des Schmerzensmannes mit Dornenkrone und Wundmalen. Der Adorant setzt alle Hoffnung auf ihn. Man darf davon ausgehen, daß die Rahmen der Bilder durch Scharniere zu einem Diptychon verbunden waren, das sich gleich einem Spielbrett zusammenklappen und verschließen ließ. Das Bildnis Löwensteins gilt als das bedeutendste seiner Art vor dem Auftreten Albrecht Dürers. Dem Maler gelang es, die Alterszüge zu durchleuchten und mit der Erscheinung auch das Wesen des frommen Mannes wiederzugeben. Meisterlich sind die stofflichen Unterschiede getroffen. Die Farbigkeit ist voll und tiefleuchtend.

1456

Beutelbuch

Nürnberg, 1471, Wildleder und Messingbeschläge über Holz, 13,5 : 10,5 cm, Beutellänge 42 cm, Signatur Hs.17231

Das Stundenbuch, das laut Inschrift im Jahre 1471 Hieronymus Kreß gehörte, wird von einem eigenwilligen Einband geschützt, dessen Bezug aus weißem Wildleder nach unten über den Deckelrand hinaus beutelartig verlängert ist. So konnte man häufiger gebrauchte Bücher, wie etwa dieses Stundenbuch, bequem mit sich tragen, indem man den Zipfel des Beutels unter den Gürtel schlug. Auf Gemälden, so auch auf demjenigen des Domherrn Graf von Löwenstein, und an Skulpturen sind derartige Beutelbücher häufig dargestellt; dagegen haben sich weltweit nur 25 Stücke erhalten.

Turmuhr mit Stundenschlag

Nürnberg, 1. Hälfte 15. Jh., Eisen, geschmiedet, gefeilt, Zifferblatt bemalt mit 16-Stunden-Zählung, Gewichte ergänzt, 42 : 29 : 25 cm, Inv. Nr. WI 999

Vermutlich fanden die ersten Räderuhren mit Hemmung ab etwa 1320 als eiserne Turmuhren Verwendung. Diese Uhren mit Stundenschlag gaben den Türmern die Zeit an, die dann mit Glockenschlägen oder Hornsignalen den Stand der Stunden meldeten. Um auch bei Nacht das Ablesen der Stunden zu ermöglichen und um das gefährliche Lichtentzünden zu vermeiden, wurden auf diesem Zifferblatt kleine Tastknöpfe als Zählhilfe angebracht. In ganz Europa zeigten die Städte ab der Mitte des 14. Jahrhunderts großes Interesse an der neu entwickelten Räderuhr. Die Nürnberger Uhr wurde im 19. Jahrhundert im Nordturm von St. Sebald aufgefunden.

Liebesgarten
Nürnberg, um 1460, Wirkerei, Leinenkette, Wolle, 65 : 141 cm, Inv. Nr. Gew 672

Nürnberg war im 14. und 15. Jahrhundert ein bedeutendes Zentrum der Bildwirkerei. In mehreren Werkstätten entstanden für den kirchlichen und weltlichen Gebrauch überwiegend schmale längsformatige Behänge, die anschaulichen Bilderzählungen Raum gaben. Hier vereinigt vor einem tiefblauen, für die Nürnberger Tapisserien charakteristischen Hintergrund das Thema des Liebesgartens Männer und Frauen bei Mahl und Musik im Freien. Der Teppich gehört zu den wenigen Nürnberger Behängen profanen Inhalts, die die Jahrhunderte überdauert haben.

Kaiser Friedrich III. verleiht Heinrich Buchner von Coburg und seinen Nachkommen ein Wappen
Graz, 1470, Tinte auf Pergament mit anhängendem Münzsiegel an roten Seidenschnüren und farbiger Miniatur, 30 : 58 cm, Signatur Or. Perg. 1470 November 23

Wappen treten um die Mitte des 12. Jahrhunderts als Unterscheidungsmerkmale der durch Rüstungen geschützten und dadurch nicht mehr identifizierbaren Krieger auf. Sie wurden nach bestimmten Regeln gestaltet und vom Kaiser oder von ihm bestellten Hofpfalzgrafen verliehen. In der Verleihungsurkunde wird das Wappen genau beschrieben und in einer farbigen Miniatur wiedergegeben. Der Bedeutung einer solchen Privilegierung entspricht das zur Beglaubigung angehängte Majestätssiegel des Kaisers.

1470

Peter Hemmel von Andlau (um 1420/25–1505)
Stifterbildnis Melchior von Gmer, 1472, Glasmalerei, 69 : 46,5 cm, Inv. Nr. MM 702

Der ritterlich gerüstete Mann kniet mit gefalteten Händen. Den Wortlaut seines Gebetes teilt das Spruchband mit. Das Wappen weist seine Familienzugehörigkeit aus, der mitgeteilte Name macht ihn unverwechselbar. Frömmigkeit und gesellschaftlicher Anspruch verhelfen sich gegenseitig zur Aufmerksamkeit. Die differenzierte, auf stoffliche Unterschiede sehende Wiedergabe des steinernen Baldachins, des Rasens, des metallenen Harnischs und des textilen Hintergrundes erreicht die Wirkung gleichzeitiger Tafelmalerei. Hemmel stand der erfolgreichsten Straßburger Glasmaler-Werkstatt vor.

Ganzer Harnisch
Landshut, Meister mit der Sternmarke, 1470/80, gestähltes Eisen, getrieben und geschliffen, spätere Ergänzungen, Helm nicht zugehörig, H. 185 cm, Inv. Nr. W 2161

Als Folge der Durchschlagskraft der Armbrust wurde die ursprüngliche Rüstung des Ritters, das Kettenhemd, durch Oberkörper, Hände, Knie und Schienbeine schützende Metallplatten verstärkt. Diese Teile wuchsen im 14./15. Jahrhundert zu einer im jeweiligen Zeitstil gestalteten, voll beweglichen Plastik zusammen. Der mittelalterliche Harnisch wurde so zu einem Gegenstand, der höchst vollendet Funktion und Form verband. Die Feuerwaffe führte schließlich zu seinem Untergang.

Adam Kraft (um 1455/60–1509)
Relief von der Nürnberger Stadtwaage, Nürnberg, 1497, Sandstein, 215 : 195 cm, Inv. Nr. Pl. O. 2849. Leihgabe der Stadt Nürnberg

Zur Kennzeichnung des Amtsgebäudes der Nürnberger Stadtwaage schuf Adam Kraft, einer der bedeutendsten Nürnberger Bildhauer und einer der herausragendsten deutschen Künstler auf dem Gebiet der Steinskulptur, das Relief mit der Darstellung des Wiegevorgangs. Während der Knecht um die Gewichte bemüht ist und der Kaufmann nach dem Geldsack greift, beobachtet der Waagmeister das ausschlagende Zünglein. Die Inschrift „Dir als ein andern" hinter dem Kopf des kommunalen Amtmannes und zwischen den beiden Wappenschilden der Reichsstadt verkündet die unterschiedslos für alle wirksame Gerechtigkeit des Stadtregimentes.

Tilman van der Burch (nachweisbar 1464–1512)
Die Heiligen Drei Könige, Köln, um 1490, Eichenholz, ursprünglich farbig gefaßt, H. 139 cm, Inv. Nr. Pl. O. 3286–3288

Ursprünglich war die monumentale Skulpturengruppe sicherlich für die Aufstellung an Kirchenpfeilern bestimmt und bildete nebst einer verlorenen Gottesmutter die Anbetung der Heiligen Drei Könige ab. Während der alte Kaspar schon seine Kappe gelüftet hat und im Knielauf dem Ziel seiner Reise zustrebt, weist Melchior den in kecker Pose gezeigten Mohrenfürsten Balthasar auf das weihnachtliche Gestirn am Himmelsgewölbe. Mit einer verfeinerten Schnitztechnik gelang es, die Kostbarkeit der faszinierenden Gewänder sinnlich zu artikulieren. Und neben den prachtvollen Accessoires markieren die reichen Gabengefäße, deren Formen der mittelalterlichen Schatzkunst entnommen sind, die Majestät der drei Gestalten aus der Geburtsgeschichte Christi. Tilman van der Burch, einer der bedeutendsten Kölner Künstler um 1500, der das Amt des Dombaumeisters bekleidete und zudem eine umfangreiche Bildhauerwerkstatt betrieb, schuf sie wahrscheinlich für eine Kirche der Rheinmetropole, dem abendländischen Zentrum der Dreikönigsverehrung.

Hans Holbein der Ältere (um 1465–1524)
Maria mit dem Kind, 1499, Gemälde auf Lindenholz, 46,6 x 32,2 cm, Inv. Nr. Gm 273. Leihgabe des Wittelsbacher Ausgleichsfonds / Bayer. Staatsgemäldesammlungen

Das kleine Bild diente der privaten Andacht. Georg Gossenbrot und seine Ehefrau Radegundis Eggenberger, derer beider Wappen das Bild trägt, gaben es in Auftrag. Maria sitzt in einem imaginären Himmelssaal. Von den Engeln reicht einer dem Jesuskind den mit einem Kreuz versehenen Reichsapfel zum Zeichen seiner Weltherrschaft. Das liebevolle Miteinander von Mutter und Kind und die goldschmiedehafte Feinheit der Formen machen den besonderen Zauber des Bildes aus.

Zweigeschossiger Schrank
Alpengebiet, Ende 15. Jh., Konstruktion: Nadelholz; Furnier: Zirbelkiefernholz, Zierprofile: Palisander, Ahorn; Schnitzereien: Linde; teilweise gefaßt, 297 : 216 : 72 cm, Inv. Nr. HG 1526

Der wuchtige, zweigeschossige Schrank setzt sich aus fünf Teilen zusammen: Sockel, zwei Kästen mit Türen, dazwischenliegender Gürtel und abschließender Kranz. Der Schrank lebt von der Gegenüberstellung glatter Kastenfronten mit aufwendigen, farbig hinterlegten, geschnitzten Maßwerken und Blattranken. Er ist ein typisches Beispiel aus einer Reihe von doppelgeschossigen Kastenschränken der Spätgotik, die sich von mittelalterlichen Truhen ableiten lassen. Vermutlich als Sakristeischrank entwickelt, wurden derartige Schränke im Verlauf des 15. Jahrhunderts zu beliebten Behältnismöbeln im privaten Bereich. Herstgestellt wurden derartige Möbel im gesamten Alpengebiet und auch im süddeutschen Raum.

Meister des Bartolomäusaltars (tätig um 1450–1500)
Die Vermählung der hl. Agnes, um 1495/1500, Gemälde auf Eichenholz, 41,2 : 33,2 cm, Inv. Nr. Gm 1634

Maria hält das Kind, das der heiligen Agnes den Ring über den Finger streift, der sie als Braut Christi kenntlich macht. Sie ist kostbar gekleidet, Maria durch die über sie gehaltene Krone als Königin des Himmels ausgewiesen. Engel musizieren. Das Stadtbild wird durch einen Pfau, der über den Platz spaziert, belebt. Die juwelenhaft schimmernde Farbigkeit und die Feinheit der Ausführung verraten die niederländische Herkunft des Künstlers, der sich in Köln ansässig machte.

Hans Klocker (nachweisbar 1477–1500)
Thronende Muttergottes, Brixen, um 1495, Zirbelkieferholz mit ursprünglicher Farbfassung, H. 95 cm, Inv. Nr. Pl. O. 2986

Neben Michael Pacher darf Hans Klocker der bedeutendste Bildschnitzer Tirols im 15. Jahrhundert genannt werden. Wahrscheinlich hatte er die Hofkünstlerstellung beim Bischof von Brixen inne und verfügte über eine umfangreiche Werkstatt, in der er als Unternehmer und künstlerischer Leiter waltete. Die Madonna, die ursprünglich mit dem inzwischen verlorenen Jesusknaben inmitten eines Altarschreines thronte, gehört zu den letzten eigenhändigen Werken des Meisters. Für ihn typisch, zeigt sich die Anmut und Liebreiz ausstrahlende Gottesmutter als ruhige, kräftige Gestalt mit einem aus bewegten, stark geknitterten Falten gebauten Gewand.

Hartmann Schedel, Buch der Chroniken

Ansicht von Florenz, Nürnberg: Anton Koberger 1493, Holzschnitt, koloriert, 39,4 : 27 cm, Signatur Inc. 266

Der Nürnberger Stadtphysicus Hartmann Schedel (1440–1514) stellte eine Weltchronik zusammen, bekannt als „Schedelsche Weltchronik", die die biblischen Geschichten und andere historische Chroniken nutzend die Weltgeschichte von der Schaffung der Erde bis in jene Tage schildert. Das Werk ist mit 1809 Holzschnitten illustriert, die aus der Werkstatt von Michael Wolgemut (1434–1519) und Wilhelm Pleydenwurff (gest. 1494) stammen. Am bekanntesten sind 32 authentische Stadtansichten, denen zwanzig weitere phantastische, die teilweise mehrfach mit wechselnden Städtenamen wiederholt werden, gegenüberstehen. Zahlreiche weitere Holzschnitte stellen Personen und Ereignisse dar.

Gold- und Edelsteinwaage mit Etui

Nürnberg, 1497, Silber, vergoldet, Holzkasten mit bemaltem Papier beklebt, Waage: H. 13,5 cm, Inv. Nr. HG 11161. Leihgabe der Freiherrlich von Harsdorfschen Familienstiftung Nürnberg

Ein handwerklich durchdachtes Kleinkunstwerk ist die Gold- und Edelsteinwaage, die der Nürnberger Patrizier Hans II. Harsdörfer mit zugehörigem Holzetui anfertigen ließ. Mit Hilfe eines Gewichtes, das durch einen geschickt gelegten Faden mit dem Querbalken des Gestells verbunden ist, wird die Bewegung der Waagschalen reguliert. Der kunstvoll bemalte Kasten zeigt auf der Außenseite zwei Wilde Männer und die Jahreszahl 1497, auf dem Innendeckel werden die Wappenschilde des Ehepaares Harsdörfer und Nützel vorgestellt.

1497

Zu den eindruckvollsten Werken mittelalterlicher profaner Goldschmiedekunst gehören die Tafelgeräte in Form von Schiffen. Die frühesten Erwähnungen finden sich in schriftlichen Quellen, in denen wir von Trinkbechern in Schiffsform schon im 11. Jahrhundert erfahren; im 12. Jahrhundert wird von weingefüllten Schiffen berichtet. Besondere Bedeutung erlangten diese Tafelaufsätze an den prunkvollen französischen Höfen des 14. Jahrhunderts, die richtungweisend für das gesamte Abendland waren. Auch die Entwicklung der Schiffsgefäße ist wohl aus dem französisch-burgundischen Kunstkreis abzuleiten. Bereits im 14. Jahrhundert kannte man dort den Brauch, bei Hofbanketten den Platz des Königs oder eines fürstlichen Gastes durch die Aufstellung eines Schiffs zu kennzeichnen.

Prunkvolles Tafelgerät

um 1500

In solch einem Schiff konnten auch die persönlichen Utensilien des Fürsten wie Besteck, Mundtuch und Gewürze zusammen mit Bruchstücken vom Horn des Einhorn und Schlangenzungen, die man als Heilmittel gegen Gift betrachtete, verwahrt werden. Größere Verbreitung fanden Schiffe als Tafelschmuck im späten 15. Jahrhundert und in der Renaissance; sie bezeichneten den Platz des Hausherrn.

Als Goldschmiedearbeiten haben sich derartige Prunkgeräte erst aus dem ausgehenden 15. Jahrhundert erhalten. Zu den bedeutendsten zählt das Schiff aus dem Besitz der Familie Schlüsselfelder. Über einem gebuckelten Fuß erhebt sich eine zweischwänzige Meerjungfrau, die mit ihren Händen ein dreimastiges Segelschiff hochzustemmen scheint. Den Bug schmückt ein Drachen als Galionsfigur, das Heck ist mit aufwendigen Aufbauten ausgerüstet, an denen Fähnchen befestigt sind, die gravierte Heiligenfiguren zeigen; auf der Flagge des Fockmastes sind die drei schwarzen Schlüssel des Schlüsselfelder Wappens emailliert. In der Takelage, den Körben, auf den Masten und dem Bootsdeck geben 74 Figürchen das Leben an Bord wieder. Schützen sind an den Bordwänden aufgestellt, Knechte in Brustharnischen stehen in den Mastkörben, Matrosen klettern die Strickleitern hinauf; auf dem Deck sieht man neben Matrosen ein Liebespaar, einen Narren, einen meditierenden Mönch, Trommler und Pfeifer, Kartenspieler sowie den Tisch des Kapitäns – gekennzeichnet durch eine Sonnenuhr.

Der gesamte Aufbau mit Takelage und Figuren läßt sich wie ein Deckel von einem Pokal abnehmen, so daß der untere Teil als Trinkgefäß genutzt werden konnte. Eine noch im 16. Jahrhundert von diesem Schiff angefertigte kolorierte und beschriftete Zeichnung bestätigt diese Funktion. „... Wann man das Oberteil herabhebt, So ist das Vnderteil ein Trinckgeschirr, darin gehet zwo mass getrancks".

Wie zeitgenössische Darstellungen bezeugen, entspricht das Schiff dem Typ eines damaligen Handelsschiffes, genannt Karacke; der ausführende Goldschmied könnte sich solcher Vorlagen bedient haben. Das Schiff trägt auf dem aufgeblähten Focksegel die Nürnberger Stadtmarke als Beschauzeichen, seine Entstehung in Nürnberg ist damit gesichert. Da der Gebrauch von Meistermarken damals jedoch noch nicht üblich war, ist der Meister dieses handwerklich

und künstlerisch so perfekten Werkes nicht bekannt. Es wurde auf Albrecht Dürer den Älteren (1423–1502), den Vater des berühmten Malers, der ein angesehener Goldschmied in Nürnberg war, hingewiesen. Da aber keine Werke von ihm erhalten sind, ist eine gesicherte Zuschreibung kaum möglich.

Diese naturalistische Goldschmiedearbeit muß in den Jahren kurz vor 1503 gearbeitet worden sein, da das eigens für dieses Gebilde kunstvoll gefertigte Lederetui mit geschnittenen und getriebenen Verzierungen auf der Standfläche diese Jahreszahl zeigt. Unklar ist auch, wer dieses Schiff in Auftrag gab. Der erste bekannte Besitzer des Tafelaufsatzes war Wilhelm Schlüsselfelder (1483–1549), der ihn seinen sieben Söhnen vermachte. Doch er war wohl nicht der Besteller, da er 1503 erst 20 Jahre alt war. Es wird vermutet, daß sein Onkel, der Kupfergroßhändler Matthäus Landauer, das Schiff bestellt hat und es seinem Neffen als Geschenk übergab. R. E.

Tafelaufsatz in Gestalt eines Segelschiffes

Nürnberg, vor 1503, Silber, vergoldet, Kaltbemalung, Wappen emailliert, H. 79 cm, Gewicht 5,935 kg, Inv. Nr. HG 2146. Leihgabe J. C. von Schlüsselfeldersche Familienstiftung

Tilman Riemenschneider (um 1460–1531)
Die heilige Elisabeth, Würzburg, um 1500, Lindenholz mit Resten alter Fassung, H. 105 cm, Inv. Nr. Pl. O. 2413

Tilman Riemenschneider, dessen Werk zu den bedeutendsten Leistungen der deutschen Plastik am Anfang der Neuzeit gehört, verlieh seinen Figuren eine lyrische Zartheit und eine stark verinnerlichte Auffassung, die sie deutlich von der hitzigen Erregtheit und überschwenglichen Erzählfreude der zeitgenössischen spätgotischen Kunst unterscheiden. Ein prächtiges Beispiel für seine künstlerische Handschrift stellt das Bildwerk der heiligen Elisabeth von Thüringen dar, das – rückseitig ausgehöhlt – ursprünglich neben anderen Figuren im Schrein eines Altarretabels stand. Der Brotlaib in der Rechten – und einst auch der heute verlorene Krug in der Linken – soll auf die fürsorgliche, demütige Hinwendung der thüringischen Landgräfin zu den Armen und Kranken als ihren Geschwistern in Christus verweisen. Mit dem zeitgenössischen, schmuckreich gefaßten Gewand samt Haube und offener Rise kennzeichnete der Künstler ihren vornehmen Stand. In der ruhigen Gebärdensprache gelang ihm eine Andeutung des Wesens der Heiligen. Klarheit und Tektonik im kompositorischen Bau der Gestalt demonstrieren seine meisterhaften Fähigkeiten.

Veit Stoß (um 1477–1533)
Der Erzengel Raphael und der junge Tobias, Nürnberg, 1516, Lindenholz mit monochromer Fassung, H. 97 cm, Inv. Nr. Pl. O. 1834. Leihgabe der Stadt Nürnberg

Raffaelo Torrigiani, ein Florentiner Seiden- und Juwelenhändler, gab die Figurengruppe bei dem fast siebzigjährigen Meister in Auftrag. Zu Ehren seines Namenspatrones stiftete sie der begüterte Kaufmann, der in Nürnberg des öfteren Geschäfte erledigte, in die Dominikanerkirche der glanzvollen Reichsstadt. Die in Deutschland bis dahin kaum bekannte, in der italienischen Tafelmalerei dagegen geläufige Darstellung entstammt dem alttestamentlichen Buch Tobit und berichtet die vom Erzengel begleitete, gefahrvolle Reise des jungen Tobias. Die schnitzerische Ausführung der Gruppe kennt keinen Vergleich. Der von reichen Faltenschwüngen bewegte, schraubenartig gedrehte und frei durch den Raum wallende Mantel des Engels bezeichnet einen absoluten Höhepunkt nordeuropäischer Bildhauerkunst. Mit dem teilweise so dünn wie Papier geschnittenen Holz markierte Veit Stoß seine überlegenen technischen Fähigkeiten. Mit der Wiedergabe grazilster Bewegungen, feinster Gesten und lieblichster Züge bewies er seine unangefochtene künstlerische Meisterschaft. Die Verfremdung der Oberfläche durch den Verzicht auf die Polychromie verstärkt die Abgrenzung zwischen Schnitzwerk und Wirklichkeit und hebt so die Kennzeichnung des Realitätscharakters des Kunstwerkes auf eine neue Stufe.

Jörg Breu d. Ä. (1475/76–1537)
Die Flucht nach Ägypten, 1501, Gemälde auf Fichtenholz, 92,2 : 129,7 cm, Inv. Nr. Gm 1153

König Herodes läßt alle neugeborenen Knaben in und um Bethlehem töten. Von einem Engel gewarnt, flieht die Hl. Familie nach Ägypten. Joseph segnet Maria und das Kind, die auf einem Esel reiten. Die aufrauschenden Falten seines Mantels geben seine innere Erregung wieder. Breu gestaltete temperamentvoll, mit Sinn für den landschaftlichen Raum und für starke Farben. Aus Augsburg kommend, malte er den Alterflügel während seiner Wanderjahre für das Kartäuserkloster Aggsbach in Niederösterreich.

Lucas Cranach d. Ä. (1472–1553)
Bildnis eines Juristen, 1503, Gemälde auf Fichtenholz, 54,1 : 39 cm, Inv. Nr. Gm 207

Der Jurist trägt zum roten Rock und Barett den kapuzenartig über der Schulter liegenden Chaperon als Abzeichen des Akademikers. Seine Hände ruhen auf einem aufgeschlagenen, wohl juristischen Buch. Die Landschaft ist nicht Hintergrund, sondern nah umgebende Natur. Aufgrund einer späteren Bildaufschrift wurde der Dargestellte als der aus Konstanz stammende Johann Stephan Reuss angesehen, der damals Dekan der Wiener Universität war.

Albrecht Dürer (1471–1528)
Die Heilige Anna Selbdritt, um 1500–1505, Feder, schwarze und braune Tinte, aquarelliert, 24,7 : 19,4 cm, Inv. Nr. StN 12588. Leihgabe der Stadt Nürnberg

Mit der Feder feinlinig vorgezeichnet und in zarten Tönen aquarelliert, könnte man das bildhaft komponierte Blatt als ein „gezeichnetes Andachtbild" ansprechen, das zugleich Züge eines Sammler- und Kabinettstücks trägt. Die Mutter Anna bildet die Spitze einer Pyramide, in deren Umriß Maria und das Kind geborgen sind. Die Figurengruppe ist von ihrer Umgebung isoliert und vor der neutralen Fläche des Papiers freigestellt. Das genrehafte Thema und sein menschlicher Gefühlsgehalt sind im Sinne der Renaissance in eine strenge formale Ordnung eingebunden. Ohne den Schwung eines ersten Entwurfs trägt das Blatt den Charakter einer kostbaren Reinzeichnung.

Sanduhr
Deutschland, 1506, Gehäuse Silber gegossen, gefeilt, graviert und teilweise vergoldet; geblasene Gläser, mit grüner Seide und Goldfäden verbunden, H. 8,5 cm, Inv. Nr. WI 1955

Das Mittelalter kannte als wichtigste Zeitmesser die Sonnen- und die Sanduhr. Während erstere den Fluß der Zeit am Sonnenschatten zeigt, ließ letztere lediglich einen bestimmten, willkürlich beginnenden Zeitabschnitt messen. Die Figur des Todes trägt deshalb in alten Bildern meist eine Sanduhr. War das vorliegende Exemplar aufgrund seiner Gravuren der Standfläche für die Zeitmessung im religiösen Bereich geschaffen, so sollte die Sanduhr bei den europäischen „Entdeckungsreisen" bis ins 18. Jahrhundert eine wichtige Rolle bei der Positionsbestimmung spielen.

1509

Hans Burgkmair (1473–1531)
Maria mit dem Kind, 1509, Gemälde auf Tannenholz, 164,8 : 103,2 cm, Inv. Nr. Gm 282. Leihgabe der Stadt Nürnberg

Der ummauerte Garten und der Rosenstrauch finden sich auf spätmittelalterlichen Darstellungen der Maria im Rosenhag. Die vornehme Erscheinung der Muttergottes und der Marmorthron verraten die Begegnung mit der italienischen Renaissance. Allein bei dem Kind, das unsicher auf seinen Beinen steht und einen Granatapfel in der Hand hält, ist auf jede Idealisierung verzichtet. Die Fülle der Naturbeobachtung geht in einer harmonisch abgestimmten Farbigkeit auf.

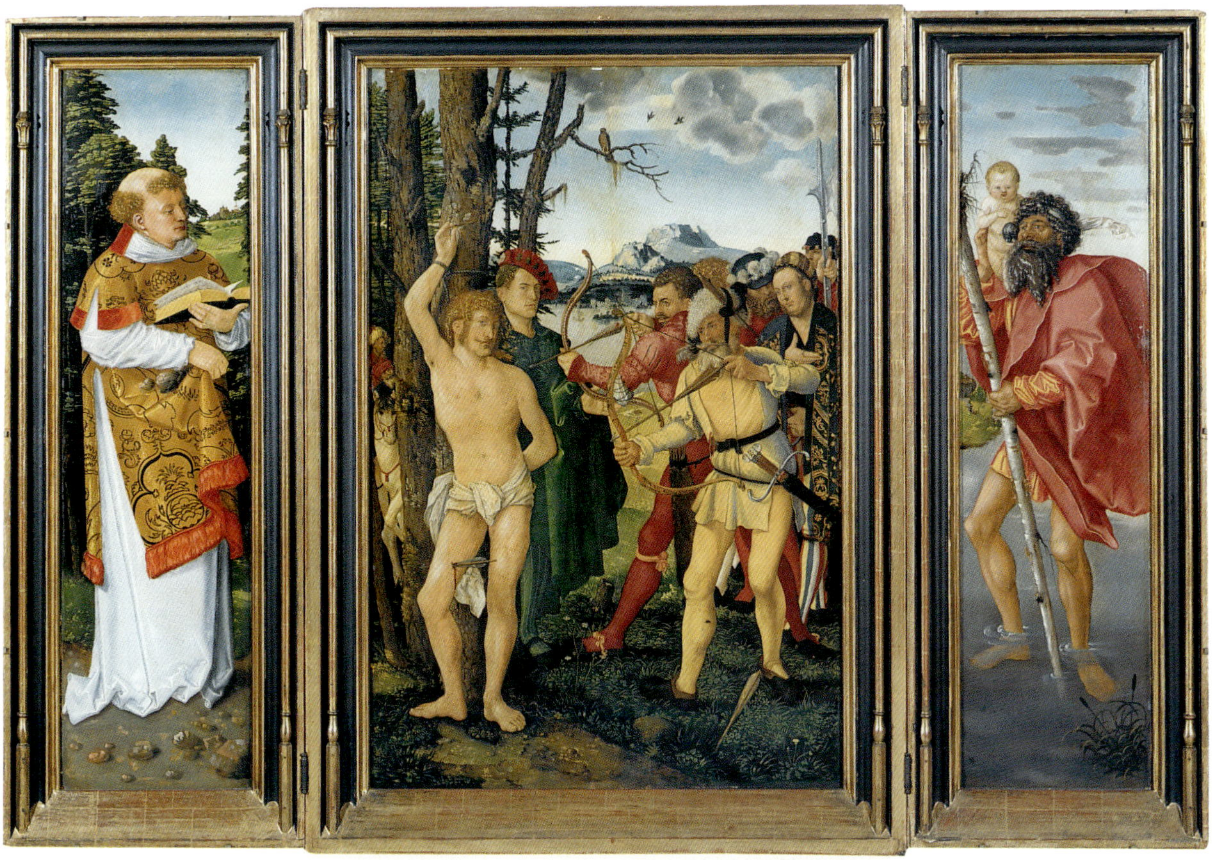

Hans Baldung genannt Grien (1484/85–1545)

Marter des hl. Sebastian, 1507, Gemälde auf Lindenholz, 121,4 : 78,7 cm, Inv. Nr. Gm 1079. Leihgabe der Stadt Nürnberg

Der römische Offizier Sebastian wird wegen seines christlichen Glaubens auf Befehl des Kaisers mit Pfeilen beschossen. Seine Peiniger tragen porträthafte Züge. Hinter dem Heiligen hat der Maler sein eigenes Bildnis angebracht, in eben das leuchtende Grün gekleidet, das ihm den Beinamen „Grien Hans" eintrug. Offenbar weckte des Künstlers Tätigkeit für die Glasmalerei seinen Sinn für die ungebrochenen Farben. Er malte das Bild für den Dom in Halle. Es bildet das Mittelstück eines Flügelaltars. Die Flügel zeigen heilige Männer und Frauen.

1510

Festbehang aus St. Sebald in Nürnberg
Südliche Niederlande, um 1510, Wirkerei, Wolle, Seide, Metallfäden, 250 : 197 cm, Inv. Nr. Gew 4968

Von dem Bildteppich mit einer Darstellung der Kreuzigung Christi hat sich nur die linke untere Partie erhalten. Sie zeigt die neben dem Kreuz trauernde Gruppe um Maria und Johannes. Zwei Säulen flankieren den durch Hermelin, Krone, Szepter und Namenszug bezeichneten König David, der in Worten und Gesten auf den Gekreuzigten weist. Die Bordüre, die das Fragment ursprünglich nur am linken und unteren Rand begleitete, wurde erst später zum umlaufenden Rahmen ergänzt. Mit drei weiteren, heute verlorenen Behängen bildete der Teppich eine vierteilige Folge von Szenen aus dem Leben Jesu, die an hohen Festtagen im Chor der Kirche aufgehängt wurde. Erst wenige Jahre vor der Einführung der Reformation waren die Teppiche als Stiftung der Nürnberger Handelsfamilie Starck nach St. Sebald gelangt. Ihre Anfertigung außer Landes entsprach dem im späten 15. Jahrhundert bei privaten und öffentlichen Auftraggebern einsetzenden hohen Ansehen niederländischer Tapisserien. Bildmotive, Größe und Qualität der Teppiche wurden vor der Ausführung mit dem Besteller abgesprochen. Im Wert lagen niederländische Teppiche, deren bildhafte Kompositionen man ebenso schätzte wie die meisterhafte Umsetzung in die Wirkerei, deutlich vor den fränkischen.

Wolf Huber (um 1485–1553)
Der Mondsee mit dem Schafberg, 1510, Feder, braune Tinte, 12,7 : 20,6 cm, Inv. Nr. Hz 18

Mit ihrem flachen Horizont, ihrer „phrasenlosen Wahrheit" und ihrer glasklaren, „schattenlosen Durchsichtigkeit" gehört Wolf Hubers Mondseelandschaft zu den bedeutendsten Landschaftszeichnungen der „Donauschule". Sie eröffnet eine neue, individuelle Weltsicht und Natursensibilität, welche die Landschaftsschilderung erst zur selbständigen künstlerischen Gattung werden ließ. Von einem Baumstamm und einer Reihe von Kopfweiden in die Tiefe geführt, wird der Blick immer wieder von vergitternden Elementen aufgehalten. Die Landschaft erschließt sich so schrittweise in ihrem raffinierten Schichtenbau bis zur oszillierenden Silhouette des Schafbergs im Hintergrund.

Klappsonnenuhr mit Landkarte
Nürnberg, Erhard Etzlaub (1455/60–1532) zugeschrieben, 1511, Buchsbaumholz, geschnitten und punziert, teilweise schwarz und rot ausgelegt, 11,1 : 8 : 1,8 cm, Inv. Nr. WI 28. Leihgabe der Stadt Nürnberg

Die Verwendung von Klappsonnenuhren mit Kompaß und verschiedenen Angaben der geographischen Höhe des Benutzerstandortes war seit dem 15. Jahrhundert zur Zeitbestimmung üblich. Ab dem Ende des 15. Jahrhunderts wurden in Nürnberg einfache hölzerne, dann bevorzugt wertvollere elfenbeinerne Klapp- und Reisesonnenuhren angefertigt. Die Benutzung der Klappsonnenuhr erforderte die Einstellung eines Polfadens bzw. Schattenspenders auf die geographische Breite des jeweiligen Aufenthaltsortes. Dazu versahen die Hersteller der Sonnenuhren, die zu den „Compastenmachern“ zählten, ihre Geräte mit einem Verzeichnis der Polhöhen der wichtigsten europäischen Städte. Als Hersteller der vorliegenden Klappsonnenuhr gilt Erhard Etzlaub, Kartograph und bedeutender Instrumentenbauer seiner Zeit. Er verzichtete auf das übliche Polhöhenverzeichnis und bildete stattdessen auf der Oberseite der Uhr eine – wie damals üblich – gesüdete Landkarte ab, die Afrika, das Mittelmeergebiet, Europa und Skandinavien zeigt. An den Rändern der Karte hat er jedoch die nördlichen Breitengrade von 5°–65° in unterschiedlichen Abständen abgebildet. Die Projektion einer Kugeloberfläche auf eine Ebene und die damit zusammenhängende Verzerrung war Etzlaub somit rund 50 Jahre vor den Arbeiten des großen Kartographen Gerhard Mercator und der nach ihm benannten „Mercator-Projektion“ bekannt. Diese Klappsonnenuhr gehört deswegen zu den wichtigen Quellen der Kartographiegeschichte.

Bildnismedaillen
Geschenkmedaille der Stadt Nürnberg für Kaiser Karl V., Hans Kraft (1481–1542), 1521, Silber, geprägt; Melchior Pfinzing, Nürnberg, Hans Schwarz (1492–nach 1521), Bronze, gegossen, vergoldet; Albrecht Dürer, Nürnberg, Matthes Gebel (um 1500–1574), Bronze, gegossen; Peter Zeitler, Nürnberg, vermutlich Jakob Hofmann (um 1512–1564), 1574, Gold, gegossen; Thomas Löffelholz, Nürnberg, Joachim Deschler (bis 1571 nachweisbar), 1551, Stein, geschnitten, teilweise vergoldet; Bartholomäus Scheißpfeng, Dresden, Tobias Wolff (tätig 1567–1606), 1581, Stein, geschnitten, Inv. Nr. Med K 6, 8904, 8987, 9501, 8080, Pl. 596

Bald nach 1515 entstand in Deutschland mit der Bildnismedaille eine neue Kunstgattung, die ihre geistigen Wurzeln den großen sozialen und religiösen Umbrüchen der Zeit verdankt, einer Zeit, die unter dem Epochenbegriff Humanismus die Besonderheit und Einmaligkeit des Individuums erkannte und betonte. Hieraus erwuchs der Wunsch, auch die äußere Erscheinung eines Menschen der Nachwelt zu überliefern. Medaillen wie auch Holzschnitt- und Kupferstichbildnisse eröffneten die Möglichkeit, in kurzer Zeit Porträts in nahezu unbegrenzter Zahl zu vervielfältigen.

Von Beginn an bediente man sich zur Herstellung von Medaillen unterschiedlicher Verfahren, häufig bedingt durch die handwerkliche Ausbildung des Medailleurs oder „Konterfetters“. Zur Herstellung geprägter Medaillen lieferten Stempelschneider die negativ geschnittenen eisernen Prägestempel, für Gußmedaillen arbeiteten Bildschnitzer und Goldschmiede ihre Modelle in Holz oder Stein, von denen die negativen Gußformen abgedrückt wurden. Renaissancemedaillen können aus Gold, Silber, Bronze oder Blei sein. Im Gegensatz zu Münzen sind Medaillen keine Zahlungsmittel, auch wenn sie häufig im Dukaten- oder Talergewicht ausgebracht wurden. Vielmehr sind sie kleine, kunstvolle Reliefs mit dem einzigen Zweck, das Aussehen der dargestellten Person bekannt zu machen und der Nachwelt zu überliefern.

Albrecht Dürer (1471–1528)

Die Hände des zwölfjährigen Jesus, 1506, Pinsel, schwarz, laviert, Deckweiß, blaues Papier, 20,7 : 18,5 cm, Inv. Nr. Hz 5482

Die Händestudie zeichnete Dürer während seines zweiten Italienaufenthalts als Vorarbeit zu seinem Gemälde des Zwölfjährigen Jesus im Tempel. Das „wundervolle Paar der redenden Hände", das sich frei vor der dunklen Ärmelhöhle entfaltet, gehört dem Jesusknaben, der im Zentrum der Komposition seine Argumente an den Fingern aufzählt. Auf einem zweiten Blatt stehen im Gegensatz dazu die knorrigen Hände der Schriftgelehrten, die entweder unbeweglich und selbstzufrieden auf dem Buch ruhen oder es mit eingelegtem Finger krampfhaft umfassen.

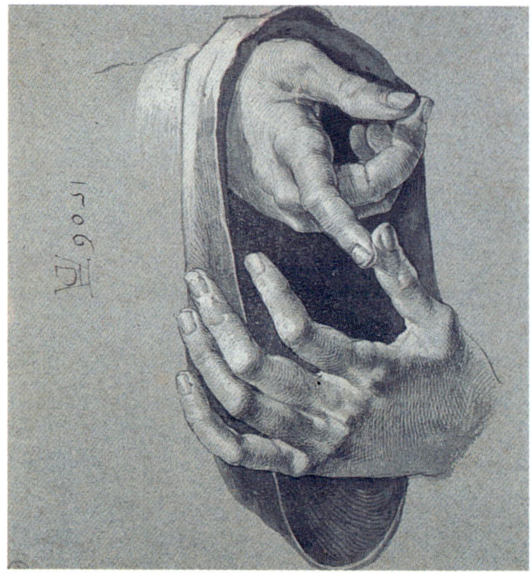

1511/13

Harfe mit gotischem Umriß

Deutschland (?), Anfang 16. Jh., Ahorn (?), Eisen, Darm, H. 103 cm, Inv. Nr. MI 59

Im Gegensatz zu außereuropäischen Harfen, deren tragende Elemente einen Winkel bilden, ist bei europäischen Instrumenten die Form durch eine verstärkende Stange zum Dreieck geschlossen. Diese Konstruktion erlaubt eine größere Zahl stärker gespannter Saiten, wodurch sich die Lautstärke erhöht und der Tonumfang zunimmt. Das europäische Mittelalter kennt zwei Harfentypen, deren älterer „romanisch" genannt wird. Charakteristisch für die ab dem 15. Jahrhundert auftretende „gotische" Harfe ist die elegante, schlanke Linienführung ohne scharfe Absätze zwischen den Bauteilen. Das hier gezeigte Instrument ist das älteste bekannte Exemplar dieses Typs.

Albrecht Dürer (1471–1528)

Idealbildnis Kaiser Karls des Großen und Bildnis Kaiser Sigismunds, Nürnberg, 1511/13, Gemälde auf Lindenholz, mit Rahmen 215 : 115,3 cm, Inv. Nr. Gm 167, 168. Leihgabe der Stadt Nürnberg

Die Stadt Nürnberg verwahrte seit 1524 die ihr von Kaiser Sigismund übergebenen Reichskleinodien. Dazu gehörten die Krönungsgewänder, von denen man annahm, daß schon Kaiser Karl der Große sie getragen hätte, sowie Reichsschwert und Reichskrone. Alljährlich wurden sie auf dem Hauptmarkt in einer „Heiltumsweisung" dem Volk gezeigt. In der Nacht zuvor brachte man sie aus der Kirche des Heilig-Geist-Spitals in ein Bürgerhaus am Markt. Für die dort eingerichtete sogenannte Heiltumskammer malte

Dürer im Auftrag des Rates das Idealbildnis Kaiser Karls. Die Wappen zeigen den deutschen Adler und die französische Lilie. Die Inschrift auf dem Rahmen gibt Auskunft über den Dargestellten und die Reichskleinodien in ihrer Beziehung zu Nürnberg. Wie ihn Dürer malte, ist Karl der Große in das Bewußtsein der Nachwelt eingegangen. 1511 und 1513 erhielt der Maler Zahlungen für dieses und das zugehörige Bildnis Kaiser Sigismunds.

Als die Heiltumsweisung infolge der Reformation aufgehoben wurde, gelangten die Bilder ins Rathaus, dann auf die Burg, später nach Wien, wo sie heute in der weltlichen Schatzkammer zu sehen sind. Malte Dürer von Kaiser Karl, auf schriftliche Zeugnisse zurückgreifend, ein Idealbildnis, so gab er dem Bildnis Sigismunds ein höchst individuelles Aussehen. Die fünf Wappen drücken ihn im Bild ein wenig herab, so daß er der mächtigen Gestalt Kaiser Karls nicht gewachsen ist. Von dem dargestellten Ornat läßt sich kein Stück nachweisen. Die Rückseiten beider Bildnisse zeigen noch einmal dieselben Wappen und im Text abweichende Inschriften.

1515

Die „Nürnberger Madonna“
Nürnberg, um 1515, Lindenholz mit alter Farbfassung, H. 150 cm, Inv. Nr. Pl. O. 210.
Leihgabe der Stadt Nürnberg

Wahrscheinlich ist die Marienfigur, die in der Zeit der Romantik zum altdeutschen Nationaldenkmal erhoben wurde und den Ehrennamen „Nürnberger Madonna“ erhielt, als Teil einer Kreuzigungsgruppe geschaffen worden. Als ihr Schöpfer muß ein trotz umfangreicher Forschungen immer noch namentlich unbekannter Nürnberger Bildschnitzer angesehen werden. Er stand in enger stilistischer Beziehung zu dem Maler Hans Süß von Kulmbach. In der Darstellung der händeringenden Schmerzensmutter mit dem matronenhaft vom Kopftuch umfangenen Haupt folgte er einer ausgefallenen, singulären Konzeption: Die Mater dolorosa erscheint mädchenhaft und ohne die üblichen mimischen Zeichen von Gram.

Bernhard Strigel (1460–1528)
Die Ausbreitung der Kartäuserklöster, um 1512/13,
Gemälde auf Fichtenholz, Triptychon, Mittelbild
164 : 98 cm, Inv. Nr. Gm 580

Das Triptychon zeigt alle bis 1510 gegründeten Kartäuserklöster, nach Provinzen gegliedert und nach Art eines Stammbaumes geordnet. Die landschaftlich eingebetteten Bauensembles sind durchwegs frei erfunden. Es spricht für die Fähigkeiten des Künstlers, daß er einem übergreifenden Kompositionsprinzipien so wenig entgegenkommenden Auftrag ein solches Maß an fesselnden Blickpunkten abgewann. Es scheint, daß es sich um eine Stiftung an das Kloster in Buxheim handelte, das in dem Bild eine zentrale Stellung einnimmt.

Albrecht Dürer (1471–1528)
Bildnis des Malers Michael Wolgemut, 1516, Gemälde auf Lindenholz, 29,8 : 28,1 cm, Inv. Nr. GM 885. Leihgabe der Bayer. Staatsgemäldesammlungen

Wolgemut zählte 82 Jahre, als sein berühmter Schüler ihn porträtierte. Scharfblickend, aber mit Respekt hielt Dürer die Züge und mit ihnen den unbeugsamen Willen des greisen Meisters fest, der bis in seine letzten Lebensjahre als Maler und Werkstattleiter tätig war.

Samson und Delila
Rheinland, um 1520, bemaltes Glas, Dm. 28 mm, Inv. Nr. MM 250

Derartige runde, in ihrer Farbigkeit zurückgenommene Glasscheiben wurden in Butzenscheibenfenster der Repräsentationsräume bürgerlicher Häuser eingesetzt und sollten aus nächster Nähe betrachtet werden. Wegen ihres intimen Charakters heißen sie Kabinettscheiben. Häufig werden biblische oder antike mythologische Szenen mit moralisierenden Tendenzen geschildert. Hier schert Dalila das Haar des schlafenden Samson und beraubt ihn so seiner gewaltigen Kraft. Die Darstellung gehört in eine Folge von „Weiberlisten“.

Albrecht Altdorfer (um 1480–1538) und Werkstatt
Sieg Kaiser Karls des Großen
über die Hunnen bei Regensburg, 1518,
Gemälde auf Lindenholz, mit Rahmen
110,4 : 121,8 cm, Inv. Nr. Gm 1682

Die Legende erzählt, daß Karl der Große den Hunnen oder Avaren vor der Stadt Regensburg eine Schlacht lieferte, die er mit Hilfe eines Engels gewann, der sich an die Spitze seines Heeres setzte. Der Kaiser trägt einen goldenen Harnisch, seinem Schwert fehlt die Klinge. Am Himmel ist die Dauer der Schlacht – drei Tage und zwei Nächte – ablesbar. Massenbewegung und militärische Strategie sind gleichermaßen beachtet. Das Bild rief zum Kampf gegen die Türken auf, die damals weite Teile Ungarns erobert hatten und sich in Richtung auf Wien bewegten. Daß es sich bei dem Gemälde um eine Tischplatte gehandelt hätte, ist unsicher.

Konrad Meit (um 1480–1550/51)
Mars und Venus, Mecheln, um 1515/20, Bronzehohlguß,
H. 34,3 cm, Inv. Nr. Pl. O. 2886

Konrad Meit, seit 1514 Hofbildhauer der Margarethe von Österreich in Mecheln, griff mit der aus dem nackten antiken Kriegsgott und der ihm zugesellten Liebesgöttin bestehenden Gruppe ein in der Zeit beliebtes Thema auf. Vielleicht kam der Auftrag dazu aus gebildeten humanistischen Kreisen im Umfeld des Hofes oder sogar von Margarethe selbst. Für die Gestalt des Mars gab der kurz vorher in Rom ausgegrabene antike Apoll vom Belvedere das Vorbild ab. Das Figurenideal spiegelt nicht nur den Schönheitskanon dieser Zeit, sondern bezeugt in der Antikennachahmung auch einen maßgeblichen Aspekt der nordeuropäischen Renaissance.

Hans Wertinger (um 1466–1533)
Monatsbild August, um 1525/26,
Gemälde auf Lindenholz,
31,7 : 39,2 cm, Inv. Nr. Gm 1238

Das Bild gehört zu einer Reihe von Darstellungen der zwölf Monate, wie man sie aus niederländischen Stundenbüchern kennt. Sieben der Gemälde sind heute im Germanischen Nationalmuseum vereint. Der August zeigt das Dreschen auf der Tenne und das Aushandeln des Kornpreises zwischen Händler und Bauer. Die lebhafte Figurenzeichnung und die flüssige Malweise machen die kleinen Bilder zu Kabinettstücken der Malerei.

Erdglobus
Bamberg, Johannes Schöner (1477–1547), 1520, Kugel und Gestell Holz bemalt, Dm. 87 cm, Inv. Nr. WI 1. Leihgabe der Stadt Nürnberg

Der handbemalte Globus, einer der ältesten erhaltenen Darstellungen der Erde in Kugelgestalt, zeigt bereits den Doppelkontinent Amerika, allerdings hauptsächlich den südlichen Teil, für den sich die europäischen Eroberer zuerst interessierten; Nordamerika ist dagegen noch sehr rudimentär eingezeichnet. Da der Mittelmeerraum und Europa noch immer viel zu groß dimensioniert sind, ist der Pazifik, die größte Wassermasse der Erde, als schmaler Kanal zwischen Japan und Amerika dargestellt. Erst im 18. Jahrhundert wurde dieser Teil der Erde auf Globen korrekt abgebildet.

Pfinzingschale
Nürnberg, Melchior Baier (Meister 1525, gest. 1577), 1534–1546, Gold, Email, H. 17,5 cm, Inv. Nr. HG 8397

Die kunstvoll mit Tiefschnittemail verzierte Goldschale auf hohem Fuß zählt zu den wenigen erhaltenen Nürnberger Goldarbeiten. Im Inneren des Deckels ist das Bildnismedaillon des Melchior Pfinzing (1481–1535) angebracht, der u. a. als Probst von St. Sebald in Nürnberg und kaiserlicher Rat diese Schale in Auftrag gegeben hat. Seine drei Brüder, deren Bildnisse den Deckel schmücken, ließen den Pokal fertigstellen. Typisch für die Zeit der Renaissance ist die lateinische Inschrift am Fuß, die auf den maßvollen Genuß des Weines verweist.

Hans Baldung genannt Grien (1484/85–1545)
Judith mit dem Haupt des Holofernes, 1525,
Gemälde auf Lindenholz, 208,8 : 74 cm, Inv. Nr. Gm 1093

Die biblische Heldin befreite ihre Vaterstadt Bethulia von den sie belagernden Assyrern, indem sie deren Feldherrn trunken machte und enthauptete. Weibliche Verführungskunst besiegt männliche Stärke. Nacktheit und Überlebensgröße der Figur bestimmen die Wirkung des Bildes. Es gehörte zu einem größeren Bildprogramm. Dieses umfaßte weiterhin Eva, die Adam zum Sündenfall überredet, und Venus, die triumphierende Göttin der Liebe, in Begleitung Amors.

Loy Hering (um 1485– um 1554)
Bischof Philipp von Freising, Eichstätt, 1524, Solnhofener Stein, 17,5 : 12,8 cm, Inv. Nr. Pl.O. 559. Leihgabe der Stadt Nürnberg

Ein großer Teil der erhaltenen Werke von Loy Hering, einem der konsequentesten Vertreter der deutschen Renaissancebildnerei, der vielfach im Auftrag der Eichstätter Bischöfe arbeitete, besteht aus feinporigem Kalkschiefer. Unweit seiner Wirkstätte, in Solnhofen, gebrochen, läßt er sich glatt polieren und gehörte daher zu den beliebten Materialien jener Zeit für kleinformatige Skulptur. Das reliefierte Brustbildnis des Bischofs im strengen Profil, das mit Familienwappen, Devisentafel und Inschriftensockel kombiniert ist, wurde wahrscheinlich von Münz- oder Medaillenbildern bzw. zeitgenössischer Druckgraphik inspiriert.

Christoph Weiditz, Trachtenbuch

Trachtli spielende Indianer, Augsburg, um 1529, kolorierte Federzeichnung auf Papier, 19,5 : 14,5 cm, Signatur Hs. 22474

Auf einer Reise, die ihn 1529 nach Spanien und auch in die Niederlande führte, schuf der Medailleur und Goldschmied Christoph Weiditz (um 1500–1559) das aus 154 Blättern bestehende Trachtenbuch. Hervorzuheben sind die elf Zeichnungen von einer indianischen Akrobatengruppe, die Ferdinand Cortes 1528 von Mexiko nach Spanien mitgebracht hatte. So enthält eines der ältesten Trachtenbücher die ersten wirklichkeitsgetreuen Abbildungen der Bewohner der neuen Welt, die mit allen ihren Eigentümlichkeiten in Tracht und Körperschmuck, wie in die Haut eingelegte Steine, sowie mit ihrem akrobatischen Können dargestellt sind.

Peter Flötner (um 1485–1546)

Kartenspiel für Don Francesco d'Este, um 1540, 47 von 48 Holzschnittkarten, Aquarell und Goldhöhung, je 9,6 : 5,9 cm, Inv. Nr. Sp 7418, 1–47

Die von Peter Flötner entworfenen und von dem Nürnberger Formschneider und Verleger Franz Christoph Zell herausgegebenen Holzschnittkarten umkreisen mit ihrem derb-drastischen Bildwitz das Thema der Lasterhaftigkeit der Welt. Das kostbar illuminierte Nürnberger Exemplar, auf dessen Rückseiten mehrstimmige Liedsätze notiert sind, dürfte eher als Kunstkammer-Objekt denn als Gebrauchsspiel gedient haben. Es markiert einen Höhepunkt in der Kunstgeschichte der Spielkarte. Das Wappen der Familie d'Este auf den Assen läßt vermuten, daß das Spiel Don Francesco d'Este gewidmet war, der 1541 im Gefolge Karls V. in Nürnberg einzog.

Peter Dell d. Ä. (um 1490–1552)
Der Hochmut und die Unkeuschheit, Würzburg, um 1535, Birnbaum, gebeizt und teilvergoldet, H. 28 cm, Inv. Nr. Pl. O. 768, 770

Peter Dell, Schüler von Tilman Riemenschneider und Geselle von Hans Leinberger, gehörte zu jener Künstlergeneration, die sich aufgrund der im Gefolge der Reformation veränderten Auftragssituation neue Betätigungsfelder suchen mußte. Zu diesen zählten auch die für Sammler bestimmten Bildwerke kleineren Formats: Die beiden virtuosen Skulpturen aus einer Folge der Sieben Todsünden, Allegorien schwerwiegendster menschlicher Verfehlungen, belegen sowohl die hochstehenden künstlerischen Fähigkeiten des Schnitzers als auch dessen bildhafte Phantasie, die abstrakten Begriffe geistreich in zeitgenössischer Menschengestalt umzusetzen.

Wenzel Jamnitzer (1508–1585)
Visierung zum sogenannten „Merkelschen Tafelaufsatz“, um 1548/49, Feder, braune Tinte, Aquarell- und Deckfarben, 96,9 : 49,8 cm, Inv. Nr. Hz 5360. Depositum der Paul Wolfgang Merkelschen Familienstiftung

Im Auftrag des Nürnberger Rates schuf Wenzel Jamnitzer 1549 einen großen silbervergoldeten Tafelaufsatz – vermutlich als Ehrengabe für einen erwarteten kaiserlichen Besuch. Dieses Hauptwerk deutscher Goldschmiedekunst befindet sich heute im Rijksmuseum Amsterdam. Der originalgroße Entwurf weicht in vielen Einzelheiten von der Ausführung ab, zeigt aber gerade in seiner überraschenden Farbigkeit Jamnitzers raffiniert-manieristisches Spiel mit verschiedenen Material- und Realitätsebenen. Den Fuß bildet die antikische Gestalt der Terra, der „Mutter Erde“, die als Sinnbild des irdischen Überflusses ein Füllhorn trägt.

1549

Lucas Cranach d.J. (1515–1586)
Bekehrung Pauli, 1549, Gemälde auf Lindenholz, 115 : 167,2 cm, Ausschnitt mit Schloß Mansfeld, Inv. Nr. Gm 226. Leihgabe des Wittelsbacher Ausgleichsfonds/Bayerische Staatsgemäldesammlungen

Die Bekehrung des Paulus, der sich vom Christenverfolger zum Vorkämpfer des christlichen Glaubens wandelte, war ein Thema lutherischer Glaubensbilder. Die Cranach, Vater und Sohn, haben in ihren Gemälden gerne Veduten untergebracht, das heißt porträthafte Wiedergaben von Stadtbildern und prominenten Einzelbauten. Schloß Mansfeld wurde in den Jahrzehnten zwischen 1509 und 1532 in Formen der Renaissance erbaut. Es ist hier noch unter Ausschluß der 1549 vollendeten Anbauten, die der Anlage einen Festungscharakter gaben, dargestellt.

Georg Pencz (um 1500–1550)
Bildnis des Nürnberger Feldhauptmannes Sebald Schirmer, 1545, Gemälde auf Lindenholz, mit Rahmen 165,3 x 137,6 cm, Inv. Nr. Gm 206. Leihgabe der Stadt Nürnberg

Schirmer war dem Nürnberger Rat nützlich im Krieg, unbequem im Frieden. Er schenkte sein Bildnis der Stadt zum Verbleib im Rathaus. Die Inschrift auf dem Rahmen rühmt mit den Verdiensten des Hauptmannes auch die Fähigkeiten des Malers. Den Bildeindruck bestimmen der mächtige Rundschädel mit dem kurzgeschorenen Haar, die sitzende Haltung und der schimmernde Harnisch.

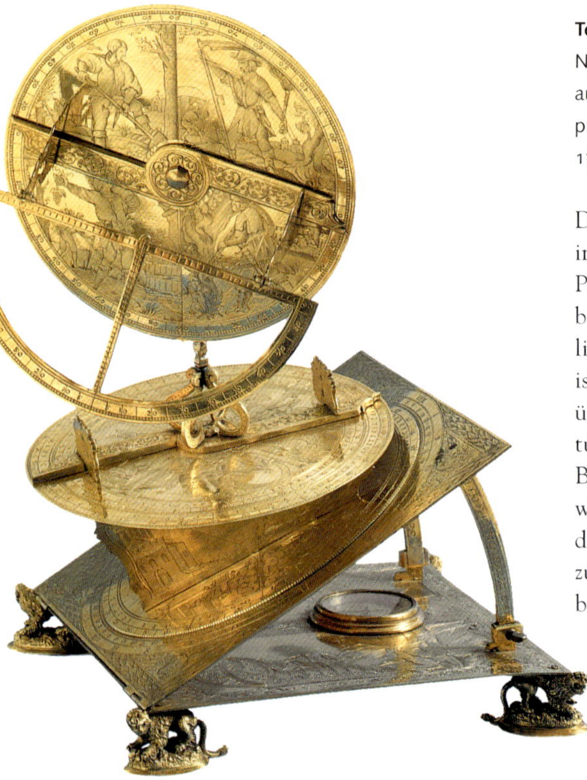

Torquetum

Nürnberg, Johannes Praetorius (Richter) (1537–1616), 1568, ausgeführt von Monogrammist „W.W.“, Messing, graviert, punziert, gegossen, vergoldet, Glas, Eisen, Grundplatte 17 : 17 cm. Inv. Nr. WI 33. Leihgabe der Stadt Nürnberg

Das Torquetum wurde wahrscheinlich erstmals 1284 in einer astronomischen Handschrift von Franco in Paris als „Turketum“, Türkengerät, erwähnt und beschrieben. Es ist eines der wenigen mittelalterlichen europäischen Instrumente, die nicht aus dem islamischen Kulturkreis oder aus dem Altertum übernommen wurden. Es diente zur Sonnenbeobachtung und Zeitbestimmung, zur Höhenmessung und Bestimmung der Sternpositionen. Neben der aufwendigen Konstruktion und Gestaltung bereichern dieses Meßgerät gravierte bildliche Darstellungen; zu sehen sind unter anderem Astronom und Geodät bei der Arbeit mit verschiedenen Instrumenten.

1551

Posaune in Tenorlage

Nürnberg, Erasmus Schnitzer (gest. 1566), 1551, Messing, L. 109 cm, Inv. Nr. MI 170

Diese Posaune ist die älteste bekannte und gleichzeitig auch das früheste erhaltene Nürnberger Blechblasinstrument und damit der Urahne einer langen Reihe von Erzeugnissen eines Handwerks, das neben anderen den bis ins 18. Jahrhundert andauernden Ruf der Stadt als Metropole für die Herstellung hochklassiger Waren festigte. Im Gegensatz zur ventillosen Trompete ist die Posaune durch ihren U-förmigen Zug in der Lage, alle Töne der Tonleiter zu erzeugen. Sie fand deshalb schnell ihren Platz im Chor derjenigen Instrumente, die in mehreren Lagen gebaut wurden, um den einheitlichen Klang eines Vokalchors zu imitieren.

Zwei Radschloßpistolen

Nürnberg, 2. Hälfte 16. Jh., 1. Lauf: Lorenz Hörelt, Schloß: Hans Dentzel, L. 50 cm. – 2. Lauf: Meister der Einhornmarke, Schloß: Hans Stopler (um 1525–1600), L. 46 cm, Eisen / Stahl geschmiedet, geschliffen, poliert, graviert; Schäftung aus Nußbaumholz mit gravierten Beineinlagen, Inv. Nr. W 2784, 2785

Als wesentliche Verbesserung der Zündvorrichtung der Handfeuerwaffen gilt die Erfindung des Radschlosses Anfang des 16. Jahrhunderts. Gegen ein gehärtetes, längs- und quergerilltes Stahlrädchen wird ein zwischen die Spannlippen des Hahns befestigtes Stück Schwefelkies gedrückt. Wird der Abzug betätigt, läuft das zuvor aufgezogene Rad ab, reißt am Schwefelkies den Zündfunken und entzündet das Pulver. Insbesondere bei Jagdwaffen und Pistolen für den Zivilgebrauch war das Radschloß verbreitet. Die handwerkliche und künstlerische Ausführung der Pistolen zeugt vom hohen technischen Stand, den das Kunsthandwerk im 16. Jahrhundert erreicht hat.

Erzstufe

Mitteldeutschland oder Nürnberg, Martin Stuber (gest. 1592), 1563, Erze, Mineralien, Korallen, Muscheln, Perlmutter, emailliertes Silber, 29,5 : 35 : 24 cm, Inv. Nr. HG 10294

Erzstufe bedeutet „Stück eines Erzes, Minerals". In Verbindung mit anderen Mineralien und organischen Produkten wurden Erzstufen zu Kunstwerken verarbeitet, die als beliebte Sammelobjekte des 16. Jahrhunderts einen wesentlichen Bestandteil der Kunst- und Wunderkammern oder Mineralienkabinette bildeten. Die hier gezeigte Erzstufe ließ der Nürnberger Patrizier Christoph III. Scheurl, Inhaber von Bergrechten im Erzgebirge, in Form eines zerklüfteten Gebirges, belebt mit kleinen Emailfigürchen, gestalten.

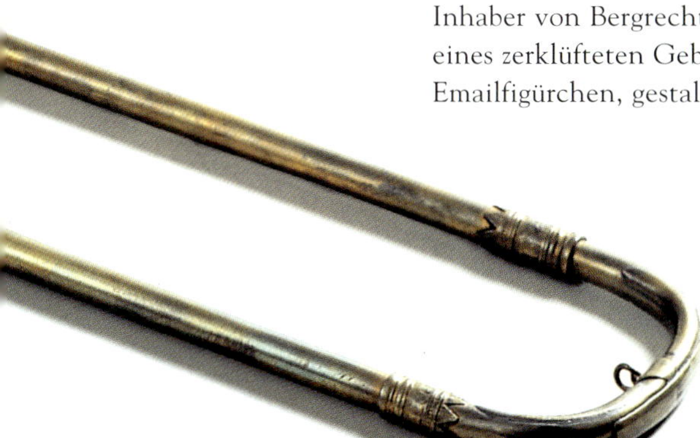

Kachelofen

Südtirol (Bozen), 1555, Ton mit weißer Fayenceglasur, farbig bemalt, H. 298 cm, Inv. Nr. A 3396

Der Ofen stammt aus Schloß Hohenaschau (Chiemgau), das sich im 16. Jahrhundert im Besitz der Herren von Freyberg befand. Er entstand 1555 vermutlich in Bozen bzw. in Südtirol. Hier produzierte man seit wenigen Jahrzehnten farbig bemalte und glasierte Ofenkacheln. Vielfach zeigen sie Malereien von Dill Riemenschneider, dem Sohn des berühmten fränkischen Bildhauers. In dessen Werkstatt oder in der seines Nachfolgers wurde auch dieser Kachelofen gefertigt. Neuartig im deutschsprachigen Raum waren die mehrfarbigen Glasuren, die dem Ofen ein völlig anderes Erscheinungsbild gaben als die bis dahin üblichen einfarbigen schwarzen oder grünen Kacheln. Auf schlanken Postamenten steht der Ofen mit tiefen Nischenkacheln, die verschiedene, z. T. auf die Antike zurückgehende mythologische Szenen zeigen, u. a. Romulus und Remus an der Wölfin saugend, Aristoteles und Phyllis, Mucius Scaevola, das Urteil des Paris, Raub der Helena sowie das Trojanische Pferd, aber auch Kampfszenen. Am rechteckigen unteren Aufbau des Ofens erkennt man einen Jagdfries als Übergang zum siebeneckigen Aufbau des oberen Geschosses. Dort sind an den Kreuzungspunkten zwischen den Kacheln wilde Menschen mit Ringen im Mund appliziert. Die ein Abschlußgesims bildenden Kranzkacheln sind mit Festons, Engeln und Adlern verziert. Auf Schlössern und Ansitzen Südtirols waren solche Öfen häufig zu finden.

Splendor solis

Ritter der Kunst, Augsburg (?), Ende 16. Jh., Miniaturen auf Pergament, 24 : 17,8 cm, Signatur Hs. 146766

Die Prachthandschrift „Splendor solis“ (Sonnenglanz) gehört zu den berühmten Büchern der hermetisch-alchemistischen Überlieferung und führt uns in die Alchemie, eine uns heute sehr fremde Welt. Die sich im Laufe des 17. Jahrhunderts entwickelnde empirische Chemie drängte sie immer stärker auf ihren bereits von der Antike herrührenden mystischen Charakter zurück. Mit Hilfe von chemischen Umwandlungsprozessen bemühte sich die Alchemie, das Magisterium oder Opus magnum, die Selbstwerdung des Menschen oder auch eine auf chemischem Wege sich vollziehende Gottesgeburt zu erlangen. Besonders in der späteren Phase war ihr Ziel die Gewinnung von Gold im Dienste von Königen und Fürsten.

Den heute schwer verständlichen Texten sind ganzseitige Miniaturen beigegeben. Die Bilder teilen sich in zwei Gruppen, von der die eine mit allgemeinen Allegorien der Königlichen Kunst (Alchemie) das Wandlungsergebnis beschreibt. So steht der Ritter der Kunst mit dem Schwert der Scheidung (separatio) über dem Doppelbrunnen als Sinnbild der verborgenen Polarität der „prima materia“. Die zweite Gruppe der Darstellungen verbindet die Alchemie mit der Astrologie. In sieben Planetenbildern werden die Planetengottheiten, darunter auch Sonne und Mond, und die ihnen mit ihren Eigenschaften zugeordneten Planetenkinder dargestellt. In der Bildmitte erscheint in einem Destillierkolben eine sinnbildhafte Figur als Elixier für die unterschiedlichen Verwandlungsstufen, die schließlich zum Stein der Weisen führen sollen.

Pilgerkleidung des Stephan Praun

Spanien (?), um 1570. Schwarzer Mantel: Leder, Bein, Muschel; Heller Mantel: naturfarbener Wollfilz mit ehemals hellblauen Seidenapplikationen; Hut: Wollfilz, Bein, Gagat, Muschel; Pilgerstab: Holz, Perlmutt, Eisen, Messing; Schuhe: Hanf; Rosenkranz: Holz, Metall, Inv. Nr. T 551, 550, 552, 554, 556, KG 303

Die Ausstattung des Nürnberger Kaufmannssohnes Stephan Praun (1544–1591) auf dessen 1571 unternommener Pilgerreise von Madrid nach Santiago de Compostela gehört zu den bedeutendsten Sachzeugnissen frühneuzeitlicher Kleidung. Nach dem Tod des Besitzers wurden die Kleidungsstücke dem Kunstkabinett seines Bruders Paulus Praun einverleibt. 1876 gelangten sie als Leihgabe der von Praunschen Familienstiftung in das Germanische Nationalmuseum. Einem Porträt Stephan Prauns als Jakobspilger zufolge trug dieser die erhaltenen Kleidungsstücke zusammen mit einem Anzug aus Wams und Oberschenkelhose, spitzenbesetzter Halskrause und hohen Stiefeln. Aber auch die beiden Mäntel aus Leder und seidenbesticktem Filz verbanden den Schutz des Reisenden mit einem deutlichen Repräsentationsanspruch, der die Praun'sche Kleidung dem zeitmodischen Kostüm näher rückte als den funktionsbestimmten Gewändern mittelalterlicher Pilger. Unverwechselbare Kennzeichen des Santiago-Pilgers bildeten erst ein mit Pilgerstäben und Pilgerflaschen imMiniaturformat geschmückter Hut, Jakobsmuscheln, ein erneut betont schmuckwertiger Pilgerstab und ein Rosenkranz.

Prachtbett der Familie Scheuerl
Nürnberg, 1601, Skulpturen wohl von Hans Werner (um 1560–1623) und Veit Dümpel (gest. 1633), schwarz gebeiztes Birnbaumholz, Alabaster, 303 : 212 : 308 cm, Inv. Nr. HG 1525

Das Scheuerl'sche Bett ist zweifelsohne das prachtvollste Beispiel der nur in wenigen Exemplaren erhaltenen Baldachin- oder Himmelbetten aus der Zeit um 1600. Als Prunkmöbel mit repräsentativem Anspruch unterlag gerade diese Möbelgattung dem schnellen Wandel der Moden – ein Hauptgrund für die Seltenheit dieser das 16. und 17. Jahrhundert kennzeichnenden Bettform. Gearbeitet wurde das Bett für die Nürnberger Patrizierfamilie Paulus (1555–1618) und Anna Scheuerl, die es – lange nach ihrer Heirat – für die Neuausstattung des elterlichen Hauses am Nürnberger Hauptmarkt anfertigen ließen. Wie die Familienchronik für das Jahr 1601 vermerkt, war man sich schon zur Entstehungszeit des Zeltbettes bewußt, daß es den Wohlstand und die Prachtliebe des zu Reichtum gekommenen Seidenhändlers höchst wirksam widerspiegelte.

Auffällig ist der Kontrast zwischen dem schwarzen Ebenholz und den weißen Alabasterschnitzereien. Die Alabasterfiguren, deren umfangreiches Programm bisher nicht gedeutet werden konnte, und zahlreichearchitektonische Versatzstücke in bis zu 40 cm tiefen Nischen stehen in einem ausgeprägten Spannungsverhältnis zum Holz. Die fast unüberschaubare, untektonische Anhäufung von Schmuckformen ist ein Hinweis dafür, daß man sich von der strengen Architekturgliederung der Renaissance entfernt hat.

Ein Komet über Nürnberg im Oktober 1580
Hans Mack (tätig in Nürnberg 1536–1582), 1580, Holzschnitt, koloriert mit Goldhöhung, Typendruck, 39,6 : 28,0 cm, Inv. Nr. HB 2806

Staunend stehen Patrizier, Handwerker und Bauern auf den Feldern vor der Stadt und betrachten einen Kometen am Sternenhimmel. Während der sorgfältig kolorierte Holzschnitt die nächtliche Himmelserscheinung als geschweiften Stern sachlich wiederzugeben versucht, deutet der zugehörige Text den Kometen als göttliches Zeichen und als Warnung an die Menschen: „Es sollen uns solche Zeychen auch darzu dienen, damit wir darauß lernen, das Gottes zorn ein brennendes Fewr ist…" In Flugblättern wie diesem – Vorläufern der Zeitung – verbindet sich sachliche Berichterstattung mit altem Wunderglauben.

1580

Herakles im Kampf mit dem nemeischen Löwen
Nürnberg, um 1580, Birnbaumholz, H. 42 cm, Inv. Nr. Pl. O. 563

Das Bildwerk stammt aus der größten deutschen Kunstkammer bürgerlichen Ursprungs, dem Praunschen Kunstkabinett in Nürnberg, benannt nach seinem Gründer, dem Patrizier Paulus Praun (1584–1616). In der Manier der deutschen Spätrenaissance schildert es eine Begebenheit, die dem antiken Mythos entnommen ist und zugleich ein Sinnbild des mühevollen Kampfes und Sieges des Guten über das Böse abgibt: Im Dienste seines Vetters Eurystheus hatte Herakles zwölf heldenhafte Taten zu vollbringen, deren erste die Überwindung eines als unverwundbar geltenden Löwen darstellte.

Harnisch für das Fußturnier

Augsburg, 1591, Anton Pfeffenhauser (um 1525–1603), Eisen / Stahl, geschmiedet, getrieben, geschliffen, geätzt, gebläut und vergoldet, Messing, vergoldet, Leder, H. ca. 120 cm, Inv. Nr. W 2270

Die mit dem Wandel des Kriegswesens einhergehende Bereitschaft zu unterschiedlichem taktischen Einsatz führte zur Entwicklung sogenannter Harnischgarnituren. Bei diesen „Anbau-Modellen" ließ sich durch Zusatzteile, die in Paßform und Dekor aufeinander abgestimmt waren, der Charakter des Harnischs je nach Erfordernis verändern. Der als Weihnachtsgeschenk 1591 für den sächsischen Kurfürsten Christian I. von seiner Gemahlin in Auftrag gegebene Harnisch ist Bestandteil einer solchen – nicht für den Krieg gedachten – Harnischgarnitur für verschiedene Turnierarten.

Das „Wohnen" in Innenräumen gewann in der Epoche der Renaissance einen besonderen Rang. Die repräsentative Stube mit holzgetäfelten Wänden und reich dekoriertem Kachelofen war bis dahin nur dem Adel vorbehalten. Selbst Grafen, Herzöge und Könige wohnten im Mittelalter eher unbequem. In Stadt und Land waren die Räume oft dunkel, nur wenig durchfenstert und spärlich ausgestattet.

Die Antike als Vorbild

1591–1592

Seit dem Spätmittelalter änderte sich dies. Der Durchbruch für eine, in unserem Sinne wohnlichere Lebensform im Haus gelang im 16. Jahrhundert. Man wohnte geräumig in möglichst lichtdurchfluteten Räumen, stattete sie mit Täfelung, Gemälden oder Teppichen aus und beheizte sie durch einen Ofen, dessen lästiger Rauch durch einen rückwärtigen Schornstein abgeleitet wurde. Ein Wandschrank enthielt eine Waschgelegenheit, Tafelzier aus Gold, Silber oder Zinn bereicherte die Räume, geräumige Schränke wurden für die Kleidung und den Hausrat angeschafft, die man bis dahin fast ausschließlich in Truhen aufbewahrt hatte. Eine neue Wohnkultur setzte sich durch.

Die Renaissance-Stube der Familie Merkel aus dem zweiten Stock des Hauses Karlstraße 3 ist das einzige Beispiel einer annähernd vollständig erhaltenen Nürnberger Stuben-Ausstattung dieser Zeit. Vertäfelung und Holzdecke schuf ein unbekannter Nürnberger Schreiner in den Jahren 1591–92. Der Raum zeigt eine umlaufende, aufwendige Wandvertäfelung mit einem Einbauschrank und zwei hervorgehobenen Portalen. Die Portalarchitektur ist mehrfach verkröpft und mit freistehenden Säulen versehen. Damit zeigt sie sich als reiche Anlage mit strengem Renaissanceaufbau. Beachtlich ist die Verwendung unterschiedlichen Holzes, dessen Maserung als gestalterisches Element eingesetzt ist, wie man am Vergleich der Säulen zu den jeweils umgebenden Wandflächen besonders gut erkennen kann. Auch die geometrisch gegliederte Decke ist ungewöhnlich aufwendig gestaltet. Zwischen Wandvertäfelung und Decke bleibt ein Mauerstreifen frei, in dem fünf Friesgemälde des Nürnberger Malers Franz Hein Platz gefunden haben. Sie stellen die Sieben Werke der Barmherzigkeit sowie die Opferung Isaaks dar (1592), ein fünftes, sehr schmales Gemälde zeigt die Personifikation der Patientia (Geduld). Solche Gemäldefriese waren im 16. und frühen 17. Jahrhundert typisch, wir finden sie beispielsweise auch in den Stuben des Stromerschen Puppenhauses (Anfang 17. Jahrhundert und 1639); ähnliche Stuben gab es von den Alpen bis zur Ostsee. Der zugehörige grün glasierte Kachelofen aus der Werkstatt des Nürnberger Hafners (Töpfers) Wolfgang Leupold folgt graphischen Vorlagen des berühmten Nürnberger Künstlers Peter Flötner: Er ist verziert mit Planetengottheiten, einem beliebten Motiv der Renaissancezeit. G. U. G.

Renaissance-Stube
Nürnberg, aus dem Haus Karlstr. 3, 1591–92, unterschiedliche Holzarten, 6,10 : 7,90 : 3,70 m, Inv. Nr. A 3387, 3913

Pommer in Baßlage

Augsburg (?), Monogrammist „MH", 1600, Ahorn, Zwingen Messing, Klappen Eisen und Messing, L. 184 cm, Inv. Nr. MI 97

Der Tonumfang mehrstimmiger Kompositionen erreichte in der Vokalpolyphonie des 16. Jahrhunderts etwas mehr als drei Oktaven, was als Gesamtumfang der menschlichen Stimme galt. Gleichzeitig bildeten sich instrumentale Familien, d. h. Gruppen von Instrumenten prinzipiell gleicher Konstruktion, jedoch unterschiedlicher Größe und damit Tonlage. Das Ziel war, einerseits den homogenen Klang des Vokalchors nachzuahmen, andererseits den begrenzten Tonumfang vor allem der Blasinstrumente auszuweiten. Der Baßpommer war zunächst das tiefste Instrument der Schalmeienfamilie, zu der nach 1600 weitere Lagen hinzutraten. Schalmei und Pommer werden Ende des 17. Jahrhunderts von Oboe und Fagott abgelöst.

Turboschneckenpokal

Nürnberg, Friedrich Hillebrand (Meister 1580, gest. 1608), 1595, Silber, vergoldet, Turboschnecke, H. 38,5 cm, Inv. Nr. HG 2147

Der als Schaugefäß gefertigte Pokal wurde aus dem prunkvoll montierten Gehäuse einer Turboschnecke gestaltet, die von einer Atlantenfigur getragen wird. Auf dem Deckel verweist Neptun, der Beherrscher der Meere, auf die Herkunft der Naturalie. Die Verwendung exotischer Naturprodukte wie Turboschnecken, Kokosnüsse und Korallen war charakteristisch für die Goldschmiede des 16. und 17. Jahrhunderts. Unter ihnen war Friedrich Hillebrand berühmt für die Gestaltung derartiger Gefäße.

Dreigeschossiger Schrank
Umkreis Flensburg, Anfang 17. Jh., Eichenholz mit Schnitzwerk, 238 : 151 : 56,5 cm, Inv. Nr. BA 455

Das hohe, wuchtige Möbel wird neben seiner reichen Schnitzerei vor allem durch die dreigeschossige Fassadengliederung bestimmt, wobei sich Tür- und Schmuckfelder von unterschiedlichem Format um ein breites Türfeld in der Schrankmitte gruppieren. Das Möbel geht auf einen Schranktyp zurück, der unter der Bezeichnung „Schenkschieve" vom 15. bis zum späten 17. Jahrhundert im norddeutschen Küstengebiet weit verbreitet war. Statt einer Tür besaß die Schenkschieve im mittleren Geschoß eine ausklappbare Platte zum Aufstellen von Trinkgeschirr. Mit geschnitzten Szenen zur Passions- und Ostergeschichte und der zentralen Abendmahlsdarstellung knüpft der Schrank an Bildprogramme gleichzeitiger Prunkmöbel insbesondere aus Flensburg an.

Gehäuse eines Orgelpositivs

Süddeutschland, Ende 16. Jh., Teile der Fassung frühes 18. Jh., verschiedene Laub- und Nadelhölzer, Elfenbein, Eisen, Leder, Zinn, ca. 350 : 308 : 178 cm, Inv. Nr. MI 260

Die Übermalungen des Gehäuses aus dem frühen 18. Jahrhundert – darunter die Partitur eines fünfstimmigen Gloria oberhalb der Tastatur – zeigen, daß dieses Orgelpositiv lange Zeit in Gebrauch war. Das Pfeifenwerk ist verloren, jedoch haben Untersuchungen ergeben, daß das Instrument ursprünglich über sieben Register verfügte. Die auf 1712 datierte Malerei der Flügeltüren zeigt in geschlossenem Zustand die Verkündigung an Maria, geöffnet stellt sie die Anbetung des Kindes durch die drei Weisen aus dem Morgenland dar. Die bauliche Substanz des prächtigen Instruments stammt zweifellos vom Ende des 16. Jahrhunderts. Damit dürfte es sich um eines der ältesten erhaltenen Exemplare seiner Art handeln.

Hausapotheke

Süddeutschland, um 1600, Ahorn- und Birnbaumholz,
Außenseiten intarsiert, Innenseiten bemalt, 38 : 40 cm, Inv. Nr. PhM 2033

Die alte Pharmazie ging von kosmischen Zusammenhängen zwischen dem Stand der Sterne, Charakteren und menschlichen Leiden aus. Sterne ihrerseits hatten innere Beziehungen zu Mineralien und Pflanzen. Diese Vorstellungen dokumentiert unsere Hausapotheke, deren Pyramidenform auf das sagenumwobene Ägypten anspielt. Die Bilder der vier Elemente auf den vier Türinnenseiten verweisen auf die vier wichtigsten „Säfte“ des menschlichen Körpers, die sich in den vier Temperamenten ausdrücken.

Geschützaufsatz

Nürnberg, Paulus Reimann (vor 1555–1608), 1602,
Messing, gegossen, gefeilt, graviert, punziert, vergoldet,
farbig ausgelegt, Elfenbein, graviert, geschwärzt,
H. 16 cm, Inv. Nr. WI 18. Leihgabe der Stadt Nürnberg

Durch Berechnung von Pulverladung, Kaliber, Kugelgewicht und Lauferhöhung sowie aufgrund praktischer Erfahrungen konnten mit alten Geschützen bessere Trefferergebnisse erzielt werden als oft vermutet wird. Einen kostbar gearbeiteten und vergoldeten Geschützaufsatz zur Ermittlung des Neigungswinkels des Geschützrohres entwarf Paulus Reimann, der seit 1575 in Nürnberg tätig war und zu den wenigen „Compastenmacher“ gehörte, die sich nicht allein auf die Herstellung elfenbeinerner Klappsonnenuhren beschränkten. Das zusätzlich mit einem Kompaß und senkrechter Sonnenuhr versehene Gerät zeigt die gravierte Darstellung eines Kanoniers, der sein Geschütz mit einem solchen Zielgerät ausrichtet.

Joseph Heintz (1564–1609)
Amors Abschied von Psyche, um 1603/04, Gemälde auf Leinwand,
177 : 111,5 cm, Inv. Nr. Gm 1118

Das antike Märchen von Amor und Psyche, die von ihrem Geliebten verlassen wird und erst nach harten Prüfungen zu ihm zurückfindet, erfreute sich allgemeiner Beliebtheit. Die höfische Adelsgesellschaft sah sich gerne in der antiken Götterwelt gespiegelt. Die einander umarmenden Eroten und die schnäbelnden Tauben umspielen das Thema, das der Maler mit Sinn für die schmiegsame weibliche Form und den Perlmutterglanz der Haut behandelte.

Johann König (1586–1642)
Waldweiher, um 1620/25, Gemälde auf Kupfer, 45,1 : 45,3 cm, Inv. Nr. Gm 1405

Die aus einzelnen Baumstudien dicht komponierte, mit liebevoller Nahsicht ausgeführte Landschaft ist von einem starken Stimmungsgehalt. Während die Italiener in ihren Gemälden die wie gemeißelt erscheinenden Gebirgszüge bevorzugten, sucht der Deutsche, der einige Jahre in Rom verbrachte, den vom Himmelsblau kaum erreichten, einsamen Waldweiher auf.

1613

Hans Zürn (um 1560–um 1631)
Der heilige Jacobus d. Ä., Waldsee, um 1613, Lindenholz mit alter Farbfassung, H. 54 cm, Inv. Nr. Pl. O. 2937

Hans Zürn, der Nestor der im 17. Jahrhundert in drei Generationen tätigen schwäbischen Bildhauerfamilie, pflegte einen künstlerischen Stil, der an die naiven Ausläufer der Gotik anknüpfte und von Anklägen eines zart gestimmten Manierismus gekennzeichnet ist. Obwohl reliefartig und nicht vollplastisch aufgefaßt, zeigt seine Büste des Apostels Jacobus mit ihrem kräftig modellierten Asketengesicht und der gerunzelten Stirn unter dem breitkrempigen Pilgerhut die herausragende Fähigkeit des Meisters, die menschliche Person zu charakterisieren.

Klaviziterium
Deutschland, um 1620, verschiedene Laub- und Nadelhölzer, Vogelkiele, Elfenbein, Eisen, Blei, Messing, Stahl, 138 : 91 : 46 cm, Inv. Nr. MIR 1080. Sammlung historischer Musikinstrumente Ulrich Rück

Das Klaviziterium zählt zu den Kielinstrumenten, d. h. der Ton wird durch Anreißen der Saite mittels eines aus einer Vogelfeder geschnittenen, in einem Springer steckenden Kiels erzeugt. Im Grunde handelt es sich um ein aufrechtstehendes Cembalo. Die Vorteile dieser Konstruktion liegen im geringeren Platzbedarf und der größeren Lautstärke, da der Schall durch den vertikalen Resonanzboden direkt nach vorn abgestrahlt wird. Die im Vergleich zum Cembalo kompliziertere Mechanik behinderte jedoch die Herstellung in größeren Stückzahlen. Trotzdem ist das abgebildete Instrument mit mehr Registern ausgestattet als die meisten Cembali desselben Zeitraums.

1620

Hifthorn des Herzogs Julius von Braunschweig
Um 1580/90, Elfenbein gedrechselt, Hornfessel und zwei „Leitseile" aus grüner Seide mit Goldfäden in Brettchenweberei, Beschläge Gold, emailliert, Horn: H. 24,5 cm, Fessel: L. 83 cm, Inv. Nr. W 2771

Das vom Mittelalter bis in das 19. Jahrhundert geltende Jagdprivileg des Adels führte häufig zu kostbar gestalteten, dem Rang des Trägers entsprechenden Waffen und Jagdutensilien, wie dem Hifthorn des Herzogs Julius von Braunschweig. Es diente der Verständigung im Jagdrevier, wurde an der Hornfessel über der linken Schulter getragen und durfte nur vom Jäger selbst benutzt werden. Die Bedeutung der beiden dekorativ an der Fessel befestigten „Leitseile" ist nicht mehr bekannt. Auf der Fessel aufgenäht sind Jagdtiere, Jagdhunde und das sich wiederholende herzogliche Monogramm.

Lukas Kilian (1579–1637)
Allegorie auf den Glaubenskrieg, um 1620, Metallstift, Feder, braune Tinte, laviert, 13,5 : 30,2 cm, Inv. Nr. Hz 4125

Die ornamental umrahmte, allegorische Zeichnung zeigt einen von Einhörnern gezogenen, von einem Putto gelenkten Triumphwagen, dem sich rechts ein geharnischter Krieger mit Schwert und Fackel entgegenstellt. Die gekrönte Gestalt auf dem Wagen mit ihren reichen Kirchengewändern und dem Palmzweig im Arm kann als Personifikation des Katholizismus angesehen werden. Dem Krieger ist ein Löwe als Wappentier beigegeben – vielleicht ein Hinweis auf den pfälzischen Kurfürsten. Vermutlich handelt es sich um eine politische Allegorie auf den Glaubenskrieg zwischen katholischer Liga und protestantischer Union.

1622

Johann Liss (um 1597–1631)
Gelage von Soldaten und Dirnen,
um 1622, Leinwand,
160 : 240 cm, Inv. Nr. Gm 1182

Liss, der aus Oldenburg in Holstein stammte, hielt sich die längste Zeit seines kurzen Lebens in Venedig auf und besuchte auch Rom. Im Freundeskreis der dortigen „Schildersbent", einer Gesellschaft niederländischer und deutscher Künstler, wurde der lebenslustige Liss nach dem antiken Naturgott „Pan" genannt. Das meiste wissen wir über ihn durch den Maler und Künstlerbiographen Joachim von Sandrart, der in Rom mit Liss Wand an Wand wohnte. Das große Nürnberger Bild ist ein glänzendes Zeugnis seiner Vitalität, seiner Fähigkeiten im Umgang mit dem Hell-Dunkel und in der Wiedergabe der Stoffe, zumal der schillernden Seide. Eigenschaften der venezianischen Malerei verbinden sich mit solchen der römischen, wie sie Caravaggio die Künstler gelehrt hatte. Liebe, Musik und Wohlleben erfüllen das Bild. Die ausgelassene Gesellschaft ruft die Geschichte vom verlorenen Sohn unter den Dirnen ins Gedächtnis, doch geht die moralisierende Absicht, wenn an eine solche gedacht war, in der Sympathiekundgebung des Malers unter. Sandrart hebt das Bild in der „Teutschen Akademie" eigens hervor.

David Zürn (um 1598–1666)
Die hl. Katharina von Alexandrien, Überlingen,
um 1625, Lindenholz, farbig gefaßt, H. 164 cm,
Inv. Nr. Pl. O. 2163

David Zürn gehörte der zweiten Generation der berühmten, zwischen Oberschwaben und Mähren tätigen Bildhauerfamilie an und entwickelte aus Anregungen der italo-flämischen Renaissancebildnerei eine eigenständige temperamentvolle Ausdruckskunst. Sie stellt einen entscheidenden Schritt in der Entwicklung des süddeutschen Barocks dar. Knittrig-spröder Faltenstil und raumgreifende Gebärdensprache der lebensgroßen Skulptur der frühchristlichen Märtyrerin dürfen als beispielhaft für seinen Stil angesehen werden.

Rembrandt Harmensz. van Rijn (1606–1669)
Der Apostel Paulus im Nachdenken, um 1630, Gemälde auf Eichenholz, 47 : 39 cm, Inv. Nr. Gm 392

Paulus sitzt in einem ungleichmäßig erhellten Innenraum, den Kopf nachdenklich geneigt. Die aufgetürmten Bücher sprechen für seine Belesenheit, die Feder in seiner Rechten für eine schreibende Tätigkeit. Schwert und Scheide orientalischer Herkunft schmücken gleich Trophäen die Wand, doch ist das Schwert das Attribut des Apostels, der in Rom enthauptet wurde. Rembrandts Stärke, seelische Zustände wiederzugeben, und seine Fähigkeit, räumliche Atmosphäre zu schaffen, zeichnen ihn vor allen seinen Zeitgenossen aus. Seine künstlerischen Mittel sind das Helldunkel und die Tonigkeit, die alle Farben nach Grau oder Braun bricht. In einer Zeit der Spezialisierung auf Landschaft und Bildnis, Sittenbild und Stilleben hielt Rembrandt an den biblischen Themen fest, die ihm Menschenbilder von starker innerer Bewegung und geistiger Konzentration an die Hand gaben.

Während die Forscher jüngerer Zeit manche seiner Gemälde als Schülerarbeiten ausschieden, ist bei dem Nürnberger Bild nie an der Eigenhändigkeit gezweifelt worden. Das Germanische Nationalmuseum brachte, von Ausnahmen abgesehen, seine kleine, aber hochkarätige Sammlung holländischer Bilder in nur wenigen Jahren zwischen 1890 und 1893 zusammen.

Brett für ein Gänsespiel

Süddeutschland, 1. Viertel 17. Jh., Holz, bemalt, 45,5 : 40,5 cm, Inv. Nr. HG 1412

Das Gänsespiel gilt als bekanntestes mit Würfeln gespieltes Laufspiel, das bereits im 16. Jahrhundert – wohl in Deutschland – entstand. Zunächst wurde es im Adel und im städtischen Patriziat zur Unterhaltung von Erwachsenen geschätzt, bevor es sich zum reinen Kinderspiel entwickelte. Das gemalte Spielbrett besitzt, wie zahlreiche gedruckte Gänsespiele, einen spiralförmigen Spielplan. Auf 63 durch Säulen voneinander getrennten Feldern rückt jeder Spieler nach der beim Würfeln erzielten Augenzahl vor. Gelangt er auf ein Feld mit einer Gans, kann er noch einmal soweit ziehen. Straffelder wie Wirtshaus und Irrgarten dagegen bringen Verzögerungen oder Rückschritte.

1630

Frauenwams

Süddeutschland (?), um 1630, hellroter Seidenatlas, Leinenfutter, Stickerei und Applikationen in gelber und blauer Seide, H. 70 cm, Inv. Nr. T 2357

Mit dicht besetzter Knopfleiste, weiten, an der Innenseite geöffneten Ärmeln, Schulterflügeln, Stehkragen und dem beherrschenden Muster aus Diagonalstreifen entspricht das Wams einer für Männer und Frauen kaum unterschiedenen Kleidungsform der Zeit. Bereits im ausgehenden 16. Jahrhundert tadelten Modekritiker Frauen, die ohne Scham immer häufiger Männerwämser trügen. In erster Linie mag die deutliche Taillenbetonung für ein Frauenwams sprechen, wie es nicht nur zur Jagd- und Reitkleidung gehörte.

Esaias van de Velde (1587–1630)
Überfall auf einen Wagentransport, 1626,
Gemälde auf Eichenholz, 72,6 : 90,2 cm, Inv. Nr. Gm 385

Ereignisbilder waren eine Erbschaft des 16. Jahrhunderts. Die holländischen Maler verzichteten weitgehend auf die historische Einkleidung und den bedeutenden Moment und wählten Begebenheiten des Alltags, darunter Gefechte und Überfälle. In den holländischen Landschaftsbildern spielen die Küstennähe, die dunstige Atmosphäre und die gebrochenen Farben zunehmend eine Rolle. Der trennscharf sehende van de Velde steht hier noch am Anfang.

Flinderhaube

Nürnberg (?), 17. Jh., drahtverstärkte Knüpfung in Seidenmakramee, Goldfäden, Flindern Kupfer, vergoldet, 31 : 43 : 19 cm, Inv. Nr. T 35. – Haubenstock, Schwäbisch Gmünd (?), Ende 17. Jh., gebrannter Ton, farbig gefaßt, H. 40 cm, Inv. Nr. T 3833

Die voluminöse Flinderhaube gehörte im 17. Jahrhundert zu den auffälligsten Frauenkopfbedeckungen der bürgerlichen Oberschichten. In der Nürnberger Bildnismalerei ist sie von den vierziger Jahren bis zum Ende des Jahrhunderts mit Beispielen belegt. Im gleichen Zeitraum sind „guldene Haarhauben mit Flinderlein" oder mit „gulden Plättlein" in oberschichtlichen Inventaren nachweisbar.

Die originale Haube des Germanischen Nationalmuseums wurde 1859 in Nürnberg erworben und zählt damit zu den ältesten Beständen der Kostümsammlung. Unter der Haube aus Seidenmakramee befindet sich eine formgebende Polsterung. Die eigentliche Oberfläche bilden eine Vielzahl einzeln an drahtverstärkten Stegen in das Grundgeflecht eingehängter, tropfenförmiger Flindern aus vergoldeten Kupferplättchen, die auf jede Bewegung der Trägerin sichtbar und hörbar antworteten. Aufgrund ihres Materialwertes und ihrer Bedeutung als Standeszeichen begegnet die Flinderhaube auch im Reglement der städtischen Kleiderordnungen. Die Nürnberger Ordnung von 1657 erlaubte Flinderhauben mit „eingehenckten Plättlein", wie sie diese Haube besitzt, ausschließlich Frauen des Patriziats. Bis in den dritten Stand waren Hauben mit „aufgehefften", also aufgenähten Plättlein zugelassen, deren Schmuckwert gegenüber den frei beweglichen Metallflindern zweifellos zurücktrat.

Humpen mit vergoldeter Silbermontierung

Nürnberg, wohl Georg Schwanhardt d. Ä. (1601–1667), 2. Drittel 17. Jh., Glas: geschnitten, matt belassen; vergoldete Silbermontierung: Augsburg, Meister PB (Paulus Baumann?, 1567–1634), H. 21,7 cm, Inv. Nr. Gl 289

Bis zum Beginn des 17. Jahrhunderts wurden Gläser im wesentlichen durch zwei Arten verziert: der für die venezianischen Gläser charakteristische Hüttendekor und die farbige Bemalung von Gläsern. Die später hinzugekommene, bis heute ausgeübte Verzierungsform des Glasschnitts entwickelte sich aus der Bearbeitung von Edelsteinen durch Schneiden und Schleifen. Das Verdienst, diese Form des Dekors von dem eher harten und z. T. schweren Material auf die dünne und sehr zerbrechliche Glaswandung übertragen zu haben, kommt dem in Uelzen in der Lüneburger Heide geborenen Caspar Lehmann (1563/65–1622) zu, der in München eine Ausbildung zum Steinschneider erhalten hatte. Wie viele Kunsthandwerker der damaligen Zeit zog auch Lehmann der Hof Kaiser Rudolfs II. in Prag an. 1588 gab er dort eine Probe seiner Kunst, wurde aber erst zwei Jahre später als „Hoftrabant" und dann als Hofdiener angestellt. Sein offensichtliches Talent ließ ihn schließlich 1601 zum Kammeredelsteinschneider aufsteigen und ermöglichte es ihm, 1609 auch ein Privileg auf seine Glasschneidekunst, die vor allem im ornamentalen Schnitt lag, zu erlangen.

Voraussetzung dafür, daß seine Schneidekunst von Bergkristall und Edelsteinen mit Hilfe kleinster Metallrädchen auch auf Glas übertragen werden konnte, war die Verbesserung der in Böhmen hergestellten Glasmasse. Im Unterschied zum sehr dünnwandigen, allzu leicht brechenden venezianischen Cristallo setzte man in den böhmischen Hütten Blei zu. Als Lehmann, der heute als Erfinder des neuzeitlichen Glasschnitts gilt, 1622 starb, erbte sein berühmter Schüler Georg Schwanhardt d. Ä. sein Privileg und brachte die Kunst des Glasschnitts nach Nürnberg; zusammen mit seiner Familie war er bis zum Ende des 17. Jahrhunderts der führende Vertreter dieser Kunst in der Reichsstadt. Auf dem Humpen spielt Orpheus auf der Leier zu den Tieren. Von seinem Spiel verzaubert hören sie ihm in paradiesischem Frieden zu.

Niederdeutsches Flett und Stube

Diepholz (Region), 18. Jh., Fachwerk, Eichenholz

Flett und Stube repräsentieren den Hauswirtschaftsteil eines niederdeutschen Bauernhauses vom späten 16. bis zum frühen 18. Jahrhundert. Das Flett ist der Bereich der offenen Feuerstelle zum Kochen, in den seitlichen Nebenräumen befinden sich der Waschplatz und der Eßplatz mit Tisch und Stühlen. Rückwärtig fügt sich die Stube an, mit einem Eisengußofen, der einzige Raum des Hauses, den man heizen konnte, ohne zugleich im Rauch zu sitzen.

BUDDEN VON ROSDORF

Wohlhabende Nürnberger Kaufleute und Patrizier gelten als Auftraggeber der vier großen Puppen- oder „Dockenhäuser" des Germanischen Nationalmuseums, die in der Zeit zwischen 1611 und dem Ende des 17. Jahrhunderts von Handwerkern in der Reichsstadt angefertigt wurden. Ihre Vorläufer waren Puppenhäuser aus fürstlichem Besitz wie dasjenige, das Herzog Albrecht V. von Bayern 1557/58 in Auftrag gab. Bestimmt war die Nachbildung einer fürstlichen Haushaltung im Kleinformat allerdings nicht als Spielzeug für die Kinder des Herzogs, sondern als Anschauungsstück für die Kunstkammer in München.

Nicht nur ein Spielzeug

1639

In ähnlicher Weise waren auch die Nürnberger Puppenhäuser des 17. Jahrhunderts in erster Linie Repräsentationsstücke eines wohlhabenden, reichsstädtischen Bürgertums und des Patriziats.

Auf eine zweite Funktion, die Unterrichtung heranwachsender Töchter, weist das Dockenhaus der Nürnbergerin Anna Köferlin von 1631 hin, über das ein Flugblatt Auskunft gibt. In den Jahren des Dreißigjährigen Krieges ließ sie ein Puppenhaus bauen, um es gegen Entgelt öffentlich auszustellen. Beigefügte Verse unterstreichen die Absicht, der Jugend mit diesem Modell eines wohlgeordneten Hauswesens durch direkte Anschauung Kenntnisse für ihr späteres Leben zu vermitteln.

Bereits Ende des 16. Jahrhunderts hatten sich Schriften der „Hausväterliteratur" um die Vermittlung von Kenntnissen bemüht, die zur Führung eines Hauswesens mit zugehörigem Landgut nötig waren. Ihre religiöse Sinngebung erhielten die als Oekonomiken oder Hausbücher bezeichneten Schriften in Deutschland mit einer Neubewertung des häuslichen Lebens durch die Glaubenslehre des Protestantismus. Im Anschluß an das Hausbuch des Johann Coler von 1593 stellte insbesondere das 1692 in Nürnberg erschienene dreibändige Werk Wolf Helmhard von Hohbergs „Georgica curiosa" die Aufgaben des Hausvaters ebenso wie die der Hausmutter in all ihren Bereiche ausführlich dar.

Wie das Haus der Anna Köferlin waren alle Nürnberger Puppenhäuser an der Vorderseite mit einer abnehmbaren Fassadenwand versehen, die auch in geschlossenem Zustand durch die Fenster Einblicke ins Hausinnere ermöglichten. Ähnlich wie an der Ausrichtung der Dächer orientieren sich die Puppenhäuser in der An-

Puppenhaus
Nürnberg, 1639,
217 : 152 : 52 cm,
Inv. Nr. HG 4063

ordnung der Geschosse an der Gliederung Nürnberger Häuser. Von maßstabgerechten Hausmodellen unterscheiden sie sich allerdings durch ihre Ausrichtung auf eine Schauseite hin, was zur Folge hat, daß die zur Straße gelegenen Repräsentations- und Wohnräume einerseits und die zum Hof hin angeordneten Wirtschaftsräume andererseits in einer Ansichtsebene zusammengefaßt wurden.

Im Unterschied zu schriftlichen Quellen haben sich originale häusliche Einrichtungsgegenstände aus dem 17. Jahrhundert bis auf kostbare Einzelstücke kaum erhalten. Alltägliche Gebrauchsgegenstände wie Körbe, Bestecke oder Haustextilien wurden verbraucht oder gingen im Lauf der Zeit verloren. Anschauliche Kenntnisse darüber vermitteln, in Miniaturform, Gerätschaften und Möbel der Nürnberger Puppenhäuser, die damit zugleich eine wichtige Quelle zur Erforschung häuslicher Kultur in dieser Zeit darstellen. Mit seinen insgesamt 15 Räumen und einem Inventar von mehr als 1000 Einzelgegenständen hat das 1639 datierte Puppenhaus den Zustand seiner Entstehungszeit am besten bewahrt.

Im Erdgeschoß beherbergt das Puppenhaus zu beiden Seiten des Eingangsportals, auf zwei Ebenen angeordnet, Gesindekammern, eine getäfelte Kinderstube, eine Vorratskammer, den Stall, die Waschküche mit zahlreichen Holzgefäßen und einen mit Waren gefüllten Laden. Das Treppenhaus in der Hausmitte führt in die Wohnräume der beiden oberen Stockwerke. Vom Treppenvorplatz im ersten Geschoß mit hohem Wäscheschrank gelangt man links in die heizbare, getäfelte Wohnstube der Familie. Rechter Hand befindet sich eine mit Zinn-, Kupfer- und Messinggeschirr reich ausgestattete „Prangküche", die wohlhabende Familien neben der eigentlichen Wirtschaftsküche zu Repräsentationszwecken einrichteten. Das zweite Geschoß enthält schließlich das Schlafzimmer des Hausherren und seiner Frau mit Himmelbett und Waschschrank sowie die „Prangstube" als Repräsentationsraum des Hauses mit Kassettendecke, getäfelten Wänden und grünem Kachelofen; hier wurden Gäste empfangen und Familienfeste gefeiert. Einen festen Platz in den Wohnräumen hatte auch der sorgfältig ausgewählte Bilderschmuck. In den Wohn- und Schlafzimmern hingen breitformatige Bilder mit niederländischen Landschaftsmotiven auf den getünchten schmalen Mauerstreifen über der Holztäfelung. H. A. M.

Dukaten

Nürnberg, 1/2 und 1 Lämmleindukat, 1692 und 1649, Inv. Nr. Mü 19798, 19784. – Fürstenbildnisse: Ferdinand II., König von Böhmen, 10 Dukaten, Prag 1637; Bernhard von Sachsen-Weimar, 4 Dukaten, 1655; Wladislaus IV., König von Polen, 10 Dukaten, Danzig 1644; Friedrich Wilhelm, Kurfürst von Brandenburg (1640–1688), 3 Dukaten, Inv. Nr. Mü 22743, 25689, 23731, 23497. – Stadtansichten oder Stadtwappen: Münster, Bischof Christoph Bernhard von Galen, 6 Dukaten, 1661; Breslau, Schießklippe, 3 Dukaten, 1614; München, Maximilian I., Kurfürst von Bayern, 5 Dukaten, 1640, Inv. Nr. Mü 24023, 23661, 24570.

Seit dem 16. Jahrhundert trat neben den Goldgulden der Dukaten, dessen Goldgewicht mit fast 3,5 g bis ans Ende des Reiches konstant blieb. Der Wert des Dukaten stand in keiner festen Relation zum Taler aus Silber. Als Zahlungsmittel für große Summen hatte der Dukaten seine Bedeutung, häufig prägten jedoch Fürsten und auch Städte Mehrfachdukaten, mitunter mit Talerstempeln, die überwiegend für großzügige Geldgeschenke vorgesehen waren. Fürsten nutzten diese kostbaren Goldmünzen zur Repräsentation, Städte machten auf diese Weise ihre vieltürmige charakteristische Stadtsilhouette bekannt.

Reichsadlerglas
Böhmen oder Franken, 1643, leicht grünliches Glas mit bunter Schmelzfarbenbemalung, H. 27,8 cm, Inv. Nr. Gl 400

Im letzten Viertel des 16. Jahrhunderts entstanden in böhmischen und fränkischen Glashütten zylindrische Gefäße, „Humpen" genannt, die durch ihre Bemalung in auffallend kräftigen Schmelzfarben eine Vorstellung vom Aufbau des Heiligen Römischen Reiches zu vermitteln suchten. Nach Holzschnittvorlagen des frühen 16. Jahrhunderts wurden auf den Schwingen des Reichsadlers die Wappen der Reichsstände im Quaternionenschema ausgebreitet.

Zwei Schraubflaschen mit Emailmalerei
Nürnberg, um 1650, Emailmalerei von Georg Strauch (1613–1675), Silberfassung von Matthäus Ströbel (1608–1691), vergoldet, H. 19 cm, Inv. Nr. HG 10841

Die sechskantigen Schraubflaschen zeigen im Wechsel gerahmte Emailbilder mit Blumendekor und allegorischen Szenen, die durch Inschriften erklärt werden. Erst um die Mitte des 17. Jahrhunderts gelangte die vermutlich von Jean Toutin aus Châteaudun im Jahre 1632 erfundene Technik der Emailmalerei, nämlich Metalloxidfarben auf einen einfarbigen Emailgrund zu malen, nach Deutschland. Als Vorlage für diesen Dekor dienten Druckgraphiken.

Kurfürstenhumpen mit Zinnmontierung

Creußen, um 1650–60, Steinzeug aus braunem Ton mit Schmelzfarbenbemalung; Zinnmontierung, 1667, H. 23,4 cm, Inv. Nr. Ke 316

Die für ihren braunen, sehr qualitätvollen Ton berühmten Steinzeuge aus dem oberfränkischen Creußen entstanden im 17. Jahrhundert. Während des 1. Drittels blieben die auffallend leichten Gefäße unbemalt, seit 1628 erfolgte dann die Bemalung der meist durch plastische Auflagen strukturierten Oberfläche in kräftigen bunten Schmelzfarben. Charakteristische Motive sind Apostel- und Planetenfiguren, allegorische und mythologische Gestalten oder, wie im vorliegendem Fall, Kurfürstendarstellungen.

1660

Blockflötensatz

Nürnberg, Hieronymus Franziskus Kynsecker (1636–1686), um 1660/70, Elfenbein, Pflaumenholz, Nadelholz, Horn, Messing, L. 17,8 / 31,6-95 cm, Inv. Nr. MI 642, MI 98–104

In der zweiten Hälfte des 17. Jahrhunderts tritt ein grundlegender Wandel in der Konstruktion von Holzblasinstrumenten ein. Das bislang einteilige Korpus wird nun aus mehreren durch Zapfen verbundenen Elementen hergestellt. Der aus Pflaumenholz gefertigte Nürnberger Blockflötensatz stellt ein Übergangsstadium dar. Die Instrumente bestehen aus jeweils zwei Teilen, deren Verbindungshülse durch einen Hornring verstärkt ist. Nur wenig später setzt sich die bekannte Form durch: dreiteilig aufgebaut, stabilisiert durch barock profilierte Drehwülste. Das „Gar Kleine Flötlein“ aus Elfenbein in der alten einteiligen Bauweise mit zugehörigem signierten Köcher ist eine außerordentliche Rarität.

Stickmustertuch
Nürnberg, 1683, mehrfarbige Seidenstickerei auf Leinengrund, 41,5 : 29 cm, Inv. Nr. Gew 4056

Stickmustertücher, zeitgenössisch „Modeltücher" genannt, waren Lern- und Merktücher, deren vielfältige Motive und Sticharten den Frauen und Mädchen zur Vervollkommnung ihrer stickerischen Fertigkeiten dienten. Seit dem 16. Jahrhundert hielten gedruckte Vorlagenbücher einen immer wiederkehrenden Musterschatz aus Buchstaben, Zahlen, Blumen, Tieren, Wappen, geometrischen und figürlichen Motiven bereit. Häufig bezeichnen Jahreszahl und Monogramm, dessen Auflösung leider nicht immer gelingt, Entstehungszeit und Stickerin.

Prunkplatte mit Aussetzung von Romulus und Remus
Augsburg, Christian Hornung (gest. 1680), um 1660/70, Silber, teilvergoldet, 63,5 : 84 cm, Inv. Nr. HG 11815

Solche virtuos gearbeiteten Platten zählen zu den charakteristischen Leistungen der Augsburger Goldschmiede des 17. Jahrhunderts. Diese Werke, die gerahmten Bildern gleichen, waren nicht für die praktische Verwendung gedacht, sondern dienten der Schaustellung und Prachtentfaltung. Der Fond zeigt bevorzugt Themen aus der antiken Mythologie, vegetabile Treibarbeit bildet den Rahmen. Die hier dargestellte Szene zeigt höchstwahrscheinlich die Aussetzung der Brüder Romulus und Remus.

1697

Ehrgott Bernhard Bendl (um 1660–1738)
Der Evangelist Johannes, Augsburg, 1697, Lindenholz, farbig gefaßt, H. 191 cm, Inv. Nr. Pl. O. 2296

Der überlebensgroße Evangelist ist Teil eines aus sechs Monumentalfiguren bestehenden Zyklus', den Bendl für die Augsburger Klosterkirche St. Georg schuf. Im Rückgriff auf die bildnerische Sprache des zwei Generationen vor ihm in der Stadt tätigen Bildhauers Georg Petel, die er übersteigerte und zugleich mit den modernsten Errungenschaften der Skulptur Böhmens und Wiens kombinierte, schöpfte er die künstlerischen Möglichkeiten des ausgehenden 17. Jahrhunderts wie kein anderer aus. Die asketische Heiligengestalt mit expressiver Gebärde und ausdrucksvoll drapierter sowie extravagant polychrom gefaßter Gewandung repräsentiert die sich oftmals in Maßlosigkeit über alles klassische Ebenmaß hinwegsetzende Ausdruckskraft des führenden deutschen Bildhauers seiner Zeit. Daß er das Aufwühlende des seelischen Erlebens zum wesentlichen Bestandteil seiner Arbeiten erklärte, repräsentiert die Figur des heiligen Schriftstellers, der von der ihm zuteil werdenden Offenbarung ergriffen ist, in vollkommener Weise.

Kaiser Leopold I. erhebt Johann Adam von Völderndorff und seine Nachkommen in den Reichsfreiherrnstand

Linz, 1684, Tinte auf Pergament, farbige Wappendarstellung, Libell, 10 Blätter, in rotem Samt-Einband mit schwarzen und gelben Seidenbändern, Goldbulle an Metallschnüren, 33,5 : 50 cm (aufgeschlagen), Signatur Or. Perg. 1684 Juli 10

Standeserhöhungen sind in der Regel Gnadenbeweise für Dienste, die dem Reich, meist durch mehrere Generationen, geleistet wurden. Häufig wurde gleichzeitig ein schon von der Familie geführtes Wappen gebessert, d. h. mit zusätzlichen Bestandteilen versehen. Für die Familie von Völderndorff wurde das Stammwappen in leicht veränderter Form als Herzschild einem neu verliehenen gevierten Wappen aufgelegt.

Jagdbüchse mit Radschloß

Prag, Caspar Neireitter, Büchsenmacher, Cons Breuchowen, Graveur, um 1680/90, gezogener Lauf aus Bronze / Messing und Schloßplatte aus Messing, Hahn: Eisenschnitt, Birnbaumschäftung mit gravierten Beineinlagen, L. 107 cm, Inv. Nr. W 3289

Während des Barock unterlagen die Jagdwaffen einem funktionalen und künstlerischen Wandel als Folge geänderter Jagdgewohnheiten: Das weniger brauchbare Luntenschloß mit seiner glühenden Lunte, welche das Wild weithin warnte und außerdem eine Waldbrandgefahr darstellte, wurde von kostbar dekorierten Jagdwaffen mit Rad- und Steinschloß abgelöst. Auffällig bei dieser Büchse sind die bildlichen Darstellungen des mit Drachen und Triton plastisch ausgearbeiteten Hahnes und der gravierten Schloßplatte. Deren Bildmotiv, das teilweise auf eine Illustration aus dem Emblembuch des Andreas Alciatus zurückgeht, thematisiert den nach Beendigung des Krieges (Mars) ersehnten wirtschaftlichen Aufschwung (Merkur).

Enghalskanne mit Zinnmontierung

Nürnberg, Abraham Helmhack (1654–1724), um 1700, Fayence: Frankfurt oder Hanau, Muffelfarbenbemalung, bezeichnet AH, H. 36,4 cm, Inv. Nr. Ke 278

Goldschmiede und Glasmaler wirkten zwischen 1660 und 1730 in der Reichsstadt Nürnberg zusammen und schufen den Beruf des Hausmalers. Mit Hilfe ihrer kleinen „Brennöflein" brachten diese Künstler bunte Schmelzfarben auf die aus Delft oder Hessen bezogenen Fayencegefäße oder Gläser auf. Einer ihrer herausragendsten Vertreter war der aus Regensburg stammende Abraham Helmhack, der die Wandung dieser Kanne mit einem Rankendekor aus bunten Blumen verzierte.

Fünfchörige Gitarre

Hamburg, Joachim Tielke (1641–1719), Ende 17. Jh., Fichte, verschiedene Laubhölzer, Elfenbein, Ebenholz, Bein, L. 85 cm, Inv. Nr. MI 57

Von der vierchörigen Gitarre wird vor dem 17. Jahrhundert in der zeitgenössischen Literatur berichtet, ihre musikalischen Möglichkeiten seien so begrenzt, daß ein ernsthafter Musiker sich nicht mit ihr befasse. Dies ändert sich, als ihr ein fünfter, tiefer Saitenchor hinzugefügt wird. Die Gitarre wird so zu einem gefragten Instrument, jedoch eher in Kreisen musikbegeisterter Liebhaber als unter Berufsmusikern. Gerade reiche „Dilettanten" – vor unserer Zeit ein Ehrentitel – bestellten sich prächtig ausgestattete Instrumente. Die Erzeugnisse Tielkes zeichnen sich durch meisterhaft in kostbaren Materialien ausgeführte Intarsien aus.

Schandmaske

Deutschland, um 1700, Eisen, geschmiedet, geschnitten und genietet, H. 43 cm, Inv. Nr. StR 108

Zu den Ehrenstrafen, die für leichtere Vergehen verhängt wurden, gehörte das öffentliche Tragen von Schandmasken. Die Form der Maske nahm Bezug auf das Vergehen. Bei unserer Teufelsmaske sind neben Schnurrbart und hörnerförmigen Verzierungen vor allem die Betonung von Ohren und Zunge auffällig, so daß sie vermutlich für Lauscher und Lästermäuler angefertigt wurde.

Maria Sibylla Merian: Metamorphosis Insectorum Surinamensium
Wasserhyazinthe mit der Entwicklung des Frosches, Amsterdam 1705, kolorierter Kupferstich, 73 : 50,8 cm, Signatur Kz MER 34/37

Auf eigene Initiative und mit eigenen Mitteln unternahm Maria Sibylla Merian (1647–1717) eine Reise nach Surinam in Südamerika, heute Niederländisch Guayana, um dort Pflanzen, Raupen und Schmetterlinge sowie anderes Getier zu erforschen. Als Ergebnis ihrer Reise brachte sie 1701 von ihr gesammelte Insekten nebst deren Futterpflanzen sowie umfangreiche Aufzeichnungen nach Amsterdam zurück, Grundlage für ihr 1705 verlegtes großes Werk über die Insekten Surinams. Darin publizierte sie eine der ersten Darstellungen und Beschreibungen der Entwicklung des Frosches vom Laich über die Kaulquappe zum ausgewachsenen Tier.

1700

Großes Reiseservice mit Koffer
Augsburg, Tobias Baur (um 1660–1735), 1690–1695, Silber, vergoldet, gegossen, getrieben, Achateinlagen, Inv. Nr. HG 4885–4935

Unter den sogenannten Reiseservicen versteht man die in einem eigens hierfür gefertigten Koffer zusammengestellten Garnituren. Die großen Kästen, die Kaffee- und Teeservice sowie Toilettgarnituren und Schreibzeug enthielten, waren nicht nur Gebrauchs-, sondern auch Prunkgerät und jederzeit zu veräußerndes Kapital. Die Augsburger Goldschmiede waren seit dem Ende des 17. Jahrhunderts die Hauptherstellerdieser speziellen Gattung höfischer Silber- und Goldgerätschaften, die weltweit exportiert wurden.

Offizin der Hirschapotheke zu Öhringen/Württemberg
1. Viertel 18. Jh., Schränke und Regale Tannenholz bemalt; Galerie Lindenholz, geschnitzt und vergoldet, Inv. Nr. PhM 2001

Der Verkaufsraum alter Apotheken war meist sehr prunkvoll gestaltet, die Schränke und Regale mit Malereien und geschnitzten Aufsätzen verziert. Die bunt bemalten oder glasierten Standgefäße waren für flüssige und salbenartige, auch pulverige Substanzen bestimmt. Die zahlreichen Schubladen hingegen nahmen die Trockenarzneistoffe auf, deren Vielfalt mit heutigen asiatischen Apotheken vergleichbar ist.

Kabinettschrank
Königsberg (?), um 1700/10, Bernsteininkrustationen, Konstruktion: Eichenholz, Kiefernholz; Furnier: Buchsbaum, Nußbaum, 109 : 74 : 57 cm, Inv. Nr. HG 11769. Teileigentum der Bundesrepublik Deutschland

Bernsteinmöbel dieser Größe sind recht selten und waren nicht nur Aufbewahrungsbehältnisse, sondern in erster Linie Sammlungsobjekte in höfischen Kunstkammern. Die auf einen Holzkern montierten, verschieden dicken Bernsteinplatten zeigen Farbschattierungen von hellem Beige bis zu dunklem Braun. Sie sind teilweise mit Folien hinterlegt oder auch als Reliefs geschnitten. Die Kostbarkeit des Materials und die raffinierte Ausführung lassen auf einen speziellen Auftrag schließen, möglicherweise zur Hochzeit Friedrichs I., seit 1701 König von Preußen, mit Sophie Luise von Mecklenburg-Schwerin im Jahre 1708.

Tapete
China, um 1750, Papier,
mit Modeln bedruckt und farbig bemalt,
315 : 675 cm, Inv. Nr. A 3434

Schon im 18. Jahrhundert blickte Europa mit Bewunderung auf China und das fernöstliche Kunsthandwerk. Dort stellte man sich auf das europäische Interesse ein. Über den Londoner Handel waren im 18. Jahrhundert Papiertapeten wie auch Porzellane zu beziehen. Die Gartenlandschaft mit Blumen, Schmetterlingen und Vögeln vor blauem Hintergrund sollten die Innenräume des Hauses in einen exotischen Garten verwandeln.

Prunkvase mit vergoldeter Bronzemontierung
Meißen, 1710–20, rotes Böttgersteinzeug, matt und poliert, Pariser Montierung, H. 27,3 cm, Inv. Nr. Ke 573

Ohne Zweifel die herausragendste künstlerische Leistung des 18. Jahrhunderts war die Erfindung des europäischen Porzellans durch den gelernten Apotheker und Alchimisten Johann Friedrich Böttger (1682–1719) und den Naturwissenschaftler und Philosophen Ehrenfried Walther von Tschirnhaus (1651–1708). Erste gelungene Proben scheint es laut einem Arbeitsbericht am 15. Januar 1708 gegeben zu haben. Es vergingen jedoch noch mehr als zwei Jahrzehnte, ehe gegen 1735 die für alle späteren Hartporzellane verbindliche Feldspatporzellanmasse entwickelt war. In weitaus kürzerer Zeit (seit 1708) gelang Böttger die Entwicklung einer Tonmischung aus Bolus, auch terra sigillata oder Nürnberger Erde bezeichnet, die zur Nachahmung der chinesischen I-hsing-yao-Ware, eines roten Steinzeugs, benötigt wurde. Aufbereitet mit Lehm konnte dieser Ton bei bis zu 1300 Grad gebrannt werden und wies annähernd die gleichen Vorzüge auf wie Porzellan; er sinterte, wurde wasserundurchlässig und war nicht ritzbar. Dieses chinesische Steinzeug kannte man in Europa seit dem 17. Jahrhundert. Das von Böttger entwickelte, auch als Jaspis-Porzellan bezeichnete Steinzeug glich äußerlich durchaus diesem Edelstein, konnte geschliffen und poliert oder durch spezielle Brandführung gefärbt werden, womit sich Marmoreffekte erzielen ließen. In technischer Hinsicht stellte es eine wichtige Zwischenstufe bei der Porzellanherstellung dar. An der Prunkvase mit aufgelegtem Akanthusblattdekor sind deutlich die polierten und matt belassenen Partien zu erkennen.

1720

Reliquiar
München, Johann Christoph Steinbacher (Meister 1719, gest. 1746), um 1720, Silber, vergoldet, Kristall, H. 48 cm, Inv. Nr. KG 842

Im Zuge der Gegenreformation kam der Herz-Jesu-Verehrung eine neue Bedeutung zu, womit die Herzform bestimmend für viele Reliquien- und Sakramentsschaugefäße wurde. Auf dem Silberrelief des Sockels umgeben das Herz drei Putten mit den Attributen der theologischen Tugenden: Glaube, Hoffnung und Liebe.

Heiliggrab-Theatrum
Österreich, frühes 18. Jh., Holz, farbig gefaßt und vergoldet, H. 68 cm, Inv. Nr. KG 756

Das Modell bildet eines der vor allem von den Jesuiten geförderten Expositionsgräber ab, die in der Barockzeit während der Kartage in den Kirchen Bayerns und der österreichischen Länder aufgeschlagen worden sind. Diese gehörten zur neuartigen Praxis der bildhaften Vergegenwärtigung der Heilslehre, die mit den liturgischen Neuerungen des Konzils von Trient und während der Gegenreformation eingeführt worden sind. Die Scheinarchitektur verrät sowohl den Einfluß der Altarbaukunst als auch der Kulissendekoration des religiösen Theaterspiels dieser Zeit. Ihre Hauptaufgabe besteht in der Zurschaustellung des von interpretierenden Symbolen und Passionsszenen umgebenen Leichnams Christi.

Teller mit dem Bildnis des Manufakturmalers Christoph Andreas Leitzel
Nürnberg, dat. 1720,
Fayence mit unterglasurblauer Bemalung,
Dm. 25,9 cm, Inv. Nr. Ke 1768

Bildnisse von Manufakturmalern deutscher Fayencefabriken finden sich sehr selten, insbesondere auf dem von ihnen bearbeiteten Material. Eine Ausnahme bilden Arbeiten der 1712 gegründeten Nürnberger Fayencemanufaktur. Neben den auf ovale Fayenceplatten gemalten Bildnissen der drei Manufakturgründer ist auf diesem Teller der Fayencemaler Leitzel dargestellt. Ob Leitzel selbst auch der Maler des Tellers ist, ist ungewiß. In jedem Fall dokumentiert das Gefäß auch das künstlerische Selbstverständnis der Fayenciers im 18. Jahrhundert.

Figur einer Dame mit eingebautem Clavichord
Deutschland (?), um 1720, Figur: verschiedene Laub- und Nadelhölzer, farbig gefaßt, Eisen, Glas, Weißblech, Seide; Clavichord: verschiedene Laub- und Nadelhölzer, Eisen, Messing, Filz, Bein, Leder, H. ca. 167 cm, Inv. Nr. T 2041

Der Aufstieg des Bürgertums im 18. Jahrhundert trieb einige kuriose Blüten, zu denen auch Nähtischinstrumente gehören. Kleinmöbel mit eingebauten Miniatur-Hammerklavieren und zahlreichen kleinen Fächern und Schublädchen wurden nach 1800 zu einer regelrechten Modeerscheinung. Das eigentliche Instrument intimen häuslichen Musizierens war kurz zuvor noch das Clavichord mit seinem leisen, modulationsfähigen Klang. Wir wissen nicht, wer die Dame war, in deren Boudoir die Figur mit ihren zahlreichen Schublädchen stand; vermutlich fand jedoch auch der Ehemann Gefallen an diesem Stück, denn in einem der Kästchen findet sich ein Lobgedicht auf eine gute Flasche Bordeaux.

Treppenhaus
Würzburg, um 1724,
Sandstein

Das Treppenhaus mit reicher durchbrochener Sandsteinbalustrade zwischen schlanken Säulchen kommt aus dem Haus des Hofkanzlers von Fichtel in der Bronnbacher Str. 8 in Würzburg. 1724 beauftragte Fichtel möglicherweise Balthasar Neumann mit der Renovierung seines Hauses. Aus dem Umkreis dieses berühmten Barockbaumeisters stammt auch der Entwurf für das Treppengeländer, das ein herausragendes Zeugnis für die Baukunst der Domstadt ist.

Antoine Pesne (1683–1757)
Bildnis des Christoph Ludwig Freiherrn von Seckendorff-Aberdar, 1737, Leinwand, 144 : 111 cm, Inv. Nr. Gm 1395

Das repräsentative Porträt eines jungen Adeligen, der bedeutende Ämter innehatte, strahlt Offenheit und Freundlichkeit aus. Würdevoll, aber nicht respektheischend blickt er aus dem Bild. Der Bildausschnitt und die selbstbewußte, doch einladende Haltung schaffen Nähe zum Betrachter. Mit der Rechten weist er auf seine Schreibutensilien, die Linke ruht auf der Stuhllehne. Seine Person ist vor dem dunklen Hintergrund effektvoll herausgearbeitet. Dem kostbaren Kostüm hat der französisch geschulte preußische Hofmaler besondere Aufmerksamkeit geschenkt. Rechts oben ist das Adelswappen mit Inschrift wiedergegeben.

Teller
Ansbach, Grüne Familie, 1730–40, Fayence mit bunter Muffelfarbenbemalung, Dm. 22, 7 cm, Inv. Nr. Ke 970

Unter den deutschen Fayencemanufakturen gebührt Ansbach, gegründet 1710, einer der ersten Ränge. Angeregt von chinesischen Porzellanen der K´ang-hsi-Zeit des 17. Jahrhunderts, entstanden in der Fabrik nachweislich ab 1730 die herrlichen weißen Geschirre, die in kräftigen Muffelfarben bemalt wurden. Der grünen, in Entwicklung und Anwendung schwierigen Farbe kommt dabei eine besondere Rolle zu. Als Dekore treten vielfach das sogenannte Karpfenteichmuster oder der Fels-Vogel-Dekor auf.

Schüssel mit dem Gekreuzigten, Maria und Johannes
Niederrhein (Hüls ?), 1725, Irdenware, eingedreht, Innenflächen mit Ritzdekor, Dm. 55,4 cm, Inv. Nr. Kl 13830

Die flache Schüssel ist ein Beispiel für die künstlerischen Fähigkeiten der niederrheinischen Töpfer oder „Pottbäcker". Charakteristisch ist die eingeritzte Darstellung einer Figurengruppe und der sie umgebenden, farbig ausgemalten Ornamente. Die Motive sind weltlicher und religiöser Natur. Mit diesen Zierschüsseln schmückte die bäuerliche oder kleinstädtische Bevölkerung am Niederrhein ihre Herd- und Wohnräume.

Bechervase mit „indianischer" Blumenmalerei
Meißen, um 1730, Porzellan mit Aufglasurmalerei, bezeichnet: AR-Monogramm und Johanneumsnummer N = 401-W, H. 21,8 cm, Inv. Nr. Ke 2757

Obwohl August der Starke Johann Friedrich Böttger zunächst als Goldmacher auf der Albrechtsburg gefangen hielt, fand er sehr schnell Gefallen an dessen „weißer" Erfindung. Das AR-Monogramm, 1723 für Augustus Rex eingeführt, und die Johanneumsnummer kennzeichnen diese Vase als ein nur für den König bestimmtes Meißener Porzellan, das später zur im Johanneum aufgestellten königlichen Sammlung gehörte.

Gobelin-Saal aus Aachen

Aachen, Brüssel und Lüttich, 1740, geschnitzte Wandvertäfelung, Marmorkamin und Gobelins, 670 : 480 cm, Inv. Nr. A 3417

Der reiche Aachener Bürgermeister und Tuchfabrikant Johann von Wespien ließ zwischen 1734 und 1742 durch den führenden Aachener Architekten seiner Zeit Johann Joseph Couven sein Haus in der Kleinmarschierstraße richten und ausstatten. Die höfische Pracht des Barock hielt Einzug bei der städtischen Oberschicht. Die Holzvertäfelung schnitzte man nach dem Muster modernster französischer Kupferstiche. Die Gobelins mit Szenen aus der Geschichte des Moses lieferte die Brüsseler Manufaktur Frans und Peter van der Borght. Der Kamin stammt aus Schloß Micheroux bei Lüttich.

1740

Stammbuch des Christoph Johann Pfundt

Altdorfer Studentenbude mit Eintrag von J. B. Gromann vom 20. 8. 1742, Altdorf 1742, 10,5 : 17 cm, Signatur Hs 113894

Seit dem 16. Jahrhundert entwickelte sich im protestantischen Studentenleben der Brauch, Bekannte und Freunde eine Empfehlung in ein Stammbuch eintragen zu lassen. Immer wieder wird das Studentenleben geschildert, so auch hier das nächtliche Lager nach fröhlichem Abend. Die Tonpfeifen, das Glas auf dem Tisch und der Krug auf dem Boden scheinen dies anzudeuten, während die Bücher auf studentischen Fleiß hinweisen.

1750

Johann Georg Platzer (1704–1761)
Das Konzert, um 1750, Kupfer, 58 : 84,4 cm,
Inv. Nr. Gm 1329

In einer Schloßhalle mit Treppenhaus musiziert eine höfische Gesellschaft. Im Zentrum der Gastgeber mit singender Dame, auf der Treppe scherzende Paare. Durch die geöffneten Fenster blicken Zuhörer. Mehrere Dargestellte haben Porträtcharakter. Der Flötist, dem die Dame eine Rose reicht, trägt vermutlich die Züge des Malers. Die reich bewegten Einzelgruppen sind kunstvoll zu einem für den Wiener Barockmaler typischen Gesellschaftsstück zusammengefügt.
Der miniaturhaft feine Charakter der Malerei, die geschmackvolle Farbigkeit und der Glanz der Oberfläche sind hervorzuheben.

Drei Langtrompeten

Nürnberg, Johann Leonhard III. Ehe (1700–1771), 1746, Messing, zum Teil versilbert, Fichtenholz, Wolle, L. 75 cm, Inv. Nr. MI 217–219

Trompetenmusik galt bis zum Ende des 18. Jahrhunderts als Attribut der Macht. Nur Fürsten und Reichsstädte hatten das Privileg, sich einen Trompeterchor zu halten. Diese drei Instrumente identischer Bauart sind Teile eines solchen Chors. Dabei wurde derjenige Musiker, der die höchsten Töne blies, am besten entlohnt, denn er allein konnte auf dem damals noch ohne Ventile gebauten Instrument einen musikalisch verwertbaren Tonvorrat erzeugen. Die tieferen Stimmen dienten vor allem der rhythmischen und harmonischen Strukturierung. Zur Zeit Johann Leonhard III. Ehes standen Nürnberger Blechblasinstrumente in Qualität und Quantität unangefochten an der Spitze der europäischen Produktion.

Drei festliche Damenkleider

Frankreich und Deutschland, 2. Drittel 18. Jh., verschiedene Seidengewebe, Metallspitze, Ärmelrüschen ergänzt, Inv. Nr. T 2783, 1952/53, 3111/12

Ein modisches „Leitmotiv“ des 18. Jahrhunderts ist die aus der französischen Hofmode hervorgegangene sogenannte Robe à la française mit Reifrock, enger Taille und lose fallender Watteaufalte im Rücken. Der mehrteilige Zuschnitt besteht aus dem überkleidartigen, vorne offenen Manteau, dem darunter getragenen Rock (Jupe) und beliebig dazu kombinierbaren dekorativen Brusteinsätzen (Stecker). Das Decolleté und die halblangen Ärmel waren mit Spitzen besetzt, die sich jedoch nur selten im Original erhalten haben.

Joseph Hauzinger (1728–1786)
Die Salbung Sauls, Wien, um 1754, Leinwand,
94,7 : 73,3 cm, Inv. Nr. Gm 1183

Samuel eröffnet Saul den Willen des Herrn und salbt ihn zum König, indem er ihm ein Gefäß mit Öl über das Haupt gießt. Der Hirtenjunge, ausgezogen um Eselinnen seines Vaters zu suchen, verneigt sich vor der erhabenen Gestalt des Propheten. In der Geste sind tiefste Demut mit höfischer Eleganz vereint. Die weihevolle Handlung ist in ein geheimnisvolles, real nicht erklärbares Licht getaucht, das die Farben aufleuchten läßt. Vom Licht berührt, erstrahlt das goldbraune Gewand des Propheten hellblau. Aufgrund seiner malerischen Qualität galt das Bild lange als ein Werk von F. A. Maulbertsch.

Joseph Anton Feuchtmayer (1696–1770)
Kopf eines hl. Bischofs, Mimmenhausen, um 1735, Alabasterstuck, hochglänzend poliert, H. 67 cm, Inv. Nr. Pl. O. 2736

Der eindrucksvolle Kopf, der starkes plastisches Formgefühl mit ornamentaler Bewegtheit und sinnlicher Rhetorik verbindet, stammt vom Hochaltar der Benediktinerklosterkirche Engelberg, Kanton Unterwalden. Wahrscheinlich handelt es sich um das Fragment einer überlebensgroßen Figur des heiligen Nikolaus oder des heiligen Theodul. Beispielhaft zeigt das Stück die für den bedeutenden Rokokobildhauer typische überlängte und expressive Stilisierung. Außerdem dokumentiert es die im Vergleich zu seinen Zeitgenossen wesentlich differenziertere plastische Durcharbeitung, die Feuchtmayer durch die Übertragung holzbildhauerischer Mittel auf die Stuckplastik erzielte.

Ignaz Günther (1725–1775)
Puttenköpfchen, München, um 1760/70, Lindenholz, farbig gefaßt, H. 27 cm, Inv. Nr. Pl. O. 2719

Auch die geflügelten und blütenbekränzten Puttenköpfchen zeigen Ignaz Günther als Meister, in dessen Werk die süddeutsche Rokokobildnerei ihre höchste Vollendung und letzte Verfeinerung erfuhr. Als Glied einer Schar von köstlich drolligen Kinderengeln, die in heiterer Unschuld und fröhlichem Staunen agieren, gehörte dieses Exemplar ursprünglich gewiß zum Dekorationssystem eines Altares. Als Zuschauern oder Assistenzfiguren beim dargestellten heiligen Geschehen kommt solchen Putti die Funktion von Kommentatoren bzw. Dolmetschern von Stimmungen und von Gefühlen zu.

Ignaz Günther (1725–1775)
Kanzelentwurf mit Dominikus-Allegorie, um 1765, Feder, dunkelbraune Tinte, aquarelliert, 38,0 : 24,6 cm, Inv. Nr. Hz 3903

Vom durchbrochenen Treppenlauf zum Kanzelkorb mit den Evangelistensymbolen und zu der schwebenden Engelsfigur über dem Schalldeckel beschreibt der zartfarbig aquarellierte Entwurf eine elegante Aufwärtbewegung. Architektur und Plastik verbinden sich zu einem einzigen Rokokoornament von schwereloser Leichtigkeit. Das Bildprogramm bezieht sich auf die Einsetzung des Rosenkranzes durch den hl. Dominikus und den Kampf des Dominikanerordens gegen die Häresie und die Ungläubigen. Der Münchener Bildhauer entwarf die Kanzel möglicherweise für die Kirche der Barmherzigen Brüder in München, die nach 1750 erbaut, im Zuge der Säkularisierung 1808 abgerissen wurde.

Tartarin als Räucherhütchen
Nymphenburg, um 1756, Modell von Franz Anton Bustelli (1723–1763), Porzellan mit Aufglasurbemalung, H. 9,8 cm, Inv. Nr. Ke 644

Wie Porzellan selbst ursprünglich eine chinesische Erfindung ist, so bildeten anfangs auch Figuren und Motive aus China den Fundus für die Modelleure der europäischen Porzellanmanufakturen. Zu ihren berühmtesten Vertretern gehörte der aus dem Tessin stammende und später in der Nymphenburger Manufaktur tätige Franz Anton Bustelli, der hier auf Anregung Meißens kleine Figürchen als Darstellungen von Vertretern asiatischer Länder schuf.

Spanschachtel

Thüringen, 2. Hälfte 18. Jh., Fichtenholz, bemalt, 47,3 : 29 : 14 cm, Inv. Nr. Kling 3029

Unter den Spanschachteln, die als Verpackungen und zum Versand verschiedener Waren wie z. B. Gebäck und Spielzeug dienten, zeichnen sich die ovalen Haubenschachteln des 18. und 19. Jahrhunderts durch ihre Größe und reiche Bemalung aus. Darstellungen mit Liebes- und Hochzeitspaaren sowie Blumen und zugehörigen Sprüchen, wie sie für die 2. Hälfte des 18. Jahrhunderts vorkommen, deuten auf eine Verwendung der Schachteln als Liebesgabe hin. In solchen Schachteln bewahrten Frauen und Mädchen gern Kleidungsaccessoires wie Hauben, Tücher und Bänder sowie Schmuckstücke auf. In Deutschland wurden einfache und bemalte Spanschachteln außer im Berchtesgadener Land vor allem im Thüringer Wald hergestellt.

Schreibschrank

Mainz, um 1760, Konstruktion: Nadelholz; Furnier: Nußbaum, Palisander; Schnitzerei teilweise vergoldet, 265 : 128 : 56 cm, Inv. Nr. HG 8013

Bis zur Mitte des 18. Jahrhunderts entwickelten die Mainzer Schreiner ein stilistisch eigenständiges, dem Rokoko zuzurechnendes Schreibmöbel. Diese „Cantourgen", die im übrigen über lange Jahre als Meisterstück verlangt wurden, bestehen aus einem kommodenartigen Unterteil, einem Schreibfach und einem Schrankaufsatz. Auffällig sind die schlanke, sehr unruhige Silhouette, die abgeflachten Lisenen mit henkelartigen Voluten an den Ecken und die Form der Füße. Bei diesem Möbel wird die bewegte Oberfläche betont durch flammenartig geschnitzte und vergoldete Akanthusblätter und durch feine „Adern" aus Palisander, die in das lebhaft gemaserte Nußbaumfurnier eingelegt sind.

Querspinett

Straßburg, Johann Heinrich Silbermann (1727–1799), 1767, verschiedene Laub- und Nadelhölzer, Vogelkiele, Messing, Stahl, Wolle, Pappe, 81 (geschlossen) : 201 : 77 cm, Inv. Nr. MINe 90. Klavierhistorische Sammlung Neupert

Das Querspinett, ein Kielklavier mit diagonal zu den Tasten verlaufenden Saiten, wurde vermutlich im 17. Jahrhundert in Italien erfunden und gelangte von dort über Frankreich und England nach Deutschland. Eine wichtige Station dieser entwicklungsgeschichtlichen Reise war Straßburg. Dort wirkte Andreas Silbermann (1678–1734), der Bruder des berühmten sächsischen Orgelbauers Gottfried Silbermann (1683–1753). Von Andreas sind keine Querspinette erhalten, wohl aber von der Hand seines Sohnes Johann Heinrich. Das exzellent verarbeitete Instrument besitzt trotz seiner platzsparenden Bauweise einen Tonumfang von fünf Oktaven und eine erstaunliche Klangfülle.

Schon der Vater David Roentgens, Abraham Roentgen (1711–1793), unterhielt eine überregional bekannte Schreinerwerkstatt. Sie war zunächst in Herrnhag bei Frankfurt angesiedelt, wo die Familie als Mitglied der Herrnhuter Brüdergemeinde im Jahr 1750 vertrieben wurde und nach Neuwied auswich. Hier begann die eigentliche Blütezeit der sich zu einer Manufaktur entwickelnden Roentgen-Werkstatt. Sie sollte für zwei Generationen die in Deutschland führende Kunsttischlerei werden.

Luxuswaren für Europa

Der Aufstieg vom Handwerker Abraham Roentgen zum Manufakturunternehmer in europäischem Rahmen, als welcher sich David Roentgen ab den siebziger Jahren auszeichnete, hatte mehrere Voraussetzungen. Besonders wichtig war dabei die Freiheit vom Zunftzwang, welche das Herrnhutertum mit sich brachte – in der Praxis bedurfte es allerdings zusätzlich der Bestätigung durch den jeweiligen Landesherren. Die Mitglieder der Brüdergemeinde waren nicht nur religiöse Außenseiter, sondern bildeten zugleich einen sozialen und wirtschaftlichen Gegenpol zum städtischen Zunftwesen. Zu betonen ist, daß der Erfolg der Familie keine typische Handwerkerkarriere des 18. Jahrhunderts widerspiegelt.

Als ab Mitte der sechziger Jahre David Roentgen (1743 bis 1807) Einfluß auf die Werkstatt gewann, bemühte er sich um Verkaufsmöglichkeiten in Paris, dem damaligen Zentrum für internationale Geschäftsverbindungen, und intensivierte gezielt die Beziehungen zum Hochadel. Das Unternehmen avancierte innerhalb kurzer Zeit zu einer der größten europäischen Luxusmanufakturen, vergleichbar etwa den Porzellanmanufakturen in Meißen, Berlin oder Sèvres. Schon bald zählten sämtliche europäischen Fürstenhöfe zum Kundenkreis. Auf Empfehlung konnte ab 1783 nicht nur der russische Zarenhof beliefert werden, Katharina die Große wurde mit weit über 100 Bestellungen sogar zur wichtigsten Kundin. Repräsentation und Luxus – beides Schlagworte jener Epoche – unterstützten den Absatz der aufs Aufwendigste gestalteten Roentgen-Möbel. Auf weite Transporte richtete man sich schon beim Konzipieren der Möbel selbst ein: die Beine von Tischen oder Kommoden wurden bei der Auslieferung angeschraubt, und großformatige Möbel ließen sich vor Ort leicht zusammenbauen.

Stilistisch folgte die Roentgen-Werkstatt dem Geschmackswandel ihrer Zeit. So gehörten die ersten Möbel von Abraham Roentgen noch dem Rokoko an, die späten Entwürfe seines Sohnes jedoch längst dem Klassizismus. Für die beliebten figürlichen Marketerien bediente man sich nach Möglichkeit Vorlagen bekannter Maler, wie überhaupt im bis zu 300 Mitarbeiter umfassenden Manufakturbetrieb mit einer arbeitsteiligen Produktion gerechnet werden darf. Je nach Geschmack und Vermögen des Käufers unterscheiden sie sich – wenn auch in den Grundmaßen weitgehend übereinstimmend – in dekorativen Details, etwa der Art der Oberflächengestaltung oder der Vielfalt an Bronzen.

Der Rollschreibtisch des Germanischen Nationalmuseums ist ein Beispiel aus der späten Schaffensphase der „Fabrique". Gestalterisch ist er eine Modifikation des bewährten, weit verbreiteten französischen Zylinderbureaus. In geschlossenem Zustand ist die beherrschende Grundform der Viertelzylinder, der den achtbeinigen, mit drei Schüben versehenen Tisch und das Aufsatzgehäuse miteinander verbindet. Der zu den Seiten abgetreppte Aufsatz wird von Bronzegalerien mit kleinen Urnen an den Ecken bekrönt. Er beherbergt ebenfalls drei Schubladen, deren Fronten mit fein ziselierten Beschlägen verziert sind. David Roentgen verzichtete auf Intarsien und verwendete stattdessen schlichtes Mahagoniholz, gegliedert durch Metallbänder aus Messing und vergoldeter Bronze. Dieser starke Materialkontrast und die strenge Aufteilung der Flächen setzt sich auch im Inneren des Schreibtischs fort. Hier befinden sich neben offenen Fächern drei durch eine Treppenarchitektur verdeckte Geheimschubladen.

Bestechend ist das Möbel allerdings nicht nur durch seine schlichte Eleganz, sondern vor allem auch durch seine technischen Raffinessen in Konstruktion und Mechanik. So öffnet sich der Zylinder mittels einer komplizierten Rollmechanik selbsttätig, wenn die lederbezogene Schreibplatte nach vorn herausgezogen wird. Diese und ähnliche Details zeigen die große Perfektion, die schon im Planungsstadium ansetzte und bis zum letzten Handgriff anhalten mußte. Sie begründeten letztendlich den Ruf der „Neuwieder Arbeithen", wie die Produkte des Hauses Roentgen auch genannt wurden. P. K.

Rollschreibtisch (Zylinderbureau)
Neuwied, David Roentgen (1743–1807), um 1785/90, Konstruktion aus Eiche und Kiefer; Furniere aus Mahagoni, innen zusätzlich Nußbaum und Birkenmaser; Beschläge aus Bronze und Messing, vergoldet, 143 : 147 : 89 cm, Inv. Nr. HG 9336

Halligstube

Schleswig-Holsteinische Küstenregion, 18. Jh., Eichenholztäfelungen, Keramikfliesen, Eisengußofen

Der niedrige Raum zeigt die künstlerisch aufwendige Ausstattung wohlhabender Fischerhäuser auf den friesischen Halligen. Die Inschrift der 1774 entstandenen Wandvertäfelung verweist auf den Walfischfang. Die Wände sind mit Fliesen aus dem 18. Jahrhundert versehen. Der einfache Eisengußofen aus fünf Platten stammt noch aus dem 17. Jahrhundert. Die abschraubbaren Messingkugeln an den Ecken konnten als Handwärmer benutzt werden.

Schrank

Alpbachtal, Tirol, um 1770, Fichtenholz, bemalt, 171,5 : 117 : 48 cm, Inv. Nr. BA 1656

Noch zum Ende des 18. Jahrhunderts hielten sich im Tiroler Alpbachtal sowohl alte Möbelformen, die sich durch einen rechteckigen Kasten und einen hohen separaten Sockel bei Schränken wie Truhen auszeichnen, wie auch eine sparsame Bemalung auf dem blanken, braun lasierten Holzgrund, als andere Gebiete Österreichs und Süddeutschlands längst deckende, farbige Möbelmalerei bevorzugten. Der zweitürige Schrank aus der Zeit um 1770 ist ein Beispiel für diese Spätphase der Alpachtaler Möbel.

Knüpfteppich
Ostpreußen, 1768, Grundgewebe Leinen, Knüpfung Wolle, symmetrische Knoten, 237 : 147 cm, Inv. Nr. Gew 4003

Knüpfteppiche, deren Fertigung sich auf Masuren und dort auf die Kreise Lyck und Treuburg konzentrierte, sind vom 15. bis 19. Jahrhundert nachzuweisen. Unter den erhaltenen Teppichen, die sämtlich dem 18. und 19. Jahrhundert angehören, bilden die Bestände des Germanischen Nationalmuseums einen bedeutenden Anteil. In Herstellungsweise und Ornamentik zeigen die in den Häusern der Auftraggeber von berufsmäßigen Handwerkern gefertigten Teppiche eine Verwandtschaft zu finnischen und skandinavischen Ryen. Bei den Mustern begegnen traditionelle Motive ebenso wie die Anlehnung an den Zeitgeschmack und an das Vorbild türkischer Knüpfteppiche.

Der verhältnismäßig hohe Flor aus hochwertiger, mit Pflanzenfarben gefärbter Wolle einheimischer Schafrassen wurde in ein Grundgewebe aus Leinenkette und Leinenschüssen eingeknüpft. Fast immer bediente man sich des symmetrischen, um zwei Kettfäden geschlungenen Knotens. Meist verblieben die häufig datierten und mit Inschriften versehenen Einzelstükke über Generationen in einer Familie. Verwendung fanden die sogenannten Ostpreußen- oder Masurenteppiche als Hochzeitsteppiche, bei Begräbnissen sowie als festliche Bett- und Tischteppiche.

Jagdpokal des Kurprinzen Friedrich August von Sachsen
Dresden, um 1720, Silber, vergoldet, H. 50 cm, Inv. Nr. HG 11167

Der prächtige, fast sieben Pfund schwere Pokal zeigt am Wulst der Kuppa, die von einer knorrigen Eiche getragen wird, das sächsisch-polnische Wappen sowie die Initialen FA für Friedrich August II. von Sachsen (1696–1763). Auf Fuß, Gefäßwandung und Deckel sind in flachem Relief Szenen einer Hirschjagd dargestellt, einer sogenannten Parforcejagd, einer Hetzjagd zu Pferde also. Den Höhepunkt bildet die plastische Gruppe zweier berittener Jäger, die auf einen von drei Hunden angegriffenen, am Boden liegenden Hirsch zureiten. Die Parforcejagd wurde 1680 zur Zeit Ludwig des XIV., als die deutschen Fürsten dessen Lebensart nachzuahmen versuchten, als neue Jagdart an den deutschen Höfen eingeführt.

Der Meister dieses Jagdpokals ist nicht bekannt. Das Fehlen von Goldschmiedemarken legt nahe, daß es sich um eine von der Stempelung befreite Arbeit für den Hof handelt. Einer der bedeutendsten Hofgoldschmiede dieser Zeit war der in Dresden für August den Starken arbeitende Johann Melchior Dinglinger (1664–1731); im Umkreis dieser Werkstatt dürfte der Jagdpokal entstanden sein.

Januarius Zick (1730–1797)
Porträt der Familie Remy, 1776, Leinwand, 200 : 276 cm, Inv. Nr. Gm 1380

Das repräsentative Gruppenbild der rheinischen Familie Remy in Bendorf bei Koblenz zeigt bürgerliches Standesbewußtsein. In achtzehn lebensnahen Porträts, die namentlich identifiziert sind, wird die in der frühen deutschen Eisenverhüttung führende Familie dargestellt. Das Bild zeigt eine entspannte und familiäre Atmosphäre, in der sich jeder in gepflegter Form gesellschaftlichen Vergnügen widmet. Komposition und Größenanordnung geben Hinweise auf die Stellung innerhalb der Familie, Haltung und Gesten deuten auf Vertrautheit miteinander. Der Hausherr sitzt mit Damen am Kaffeetisch. Als Firmenchef hält er die „Frankfurter Handlungs-Avis-Comptoir-Zeitung" in der Hand. Das Strickzeug der jungen Frau verweist auf weibliche Tugenden. Die Zeremonie des nachmittäglichen Kaffees ist aus dem höfischen Bereich übernommen. Typische Silberkannen des Augsburger Silberschmieds Klosse werden hier mit kostbarem Porzellan, wie es in Meißen hergestellt wurde, zusammengebracht und zeugen von Wohlstand und Kultur der Familie. Hinter dem Tisch stehen zwei diskutierende Herren und drei Billardspieler, rechts eine musizierende Gruppe. Durch die geöffneten Fenster wird die Landschaft in das Bild mit einbezogen. Links ist die Vier-Winden-Höhe in Bendorf, rechts der Bendorfer Eisenhammer zu sehen. Am Vorabend der Französischen Revolution orientieren sich die Remys in Lebensform, Geschmack und Mode nach Frankreich. Dennoch wird nicht der Luxus einer aufstrebenden Familie, sondern die Lebensart des gutsituierten deutschen Großbürgertums dargestellt.

Votivtafel
Wallfahrtskirche Fißlkling bei Kraiburg am Inn, Oberbayern, 1776,
Tempera auf Holz, 34,6 : 26,6 cm, Sammlung Richter VB 12

Mit dem im 17. Jahrhundert aufblühenden Wallfahrtswesen in den katholischen Gebieten Süddeutschlands wurde auch der Gebrauch des Votivbildes neu belebt, der sich im 15. Jahrhundert zuerst in Italien entwickelt hatte. Einem verbreiteten Darstellungsschema folgend zeigt die Votivtafel von 1776 in der oberen Bildhälfte, durch ein Wolkenband von der irdischen Sphäre getrennt, die um Hilfe angerufenen göttlichen Gnadenbilder in Gestalt des Gekreuzigten und der schmerzhaften Muttergottes sowie des hl. Leonhards als Viehpatron. In der mittleren Zone sind als Votanten und Stifter des Bildes ein Bauernpaar in Gebetshaltung sowie ihre beiden wieder gesundeten Pferde zu sehen, über deren Errettung die Textleiste darunter ausführlich berichtet.

1774

Johann Christian Brand (1722–1795)
Landschaft in Niederösterreich mit dem Schloß von Schloßhof, 1774, Leinwand, 63,5 : 115,3 cm, Inv. Nr. Gm 1196

Die Landschaft zeigt das Marchfeld, im Hintergrund die Anlage von Schloßhof, das 1725 bis 1729 von Lukas von Hildebrandt für Prinz Eugen gebaut wurde. Die höfische Architektur ist vor dem tiefen Horizont nur unscharf zu erkennen. Nicht der barocken Prachtentfaltung gilt das Interesse, sondern einer nach rechts abfallenden Sandgrube mit Staffagefiguren im Vordergrund. Sinn für Atmosphäre in Verbindung mit intensiver Beobachtung zeigt sich in den fein abgestuften koloristischen Nuancen von Sand und Stein wie auch in der differenzierten Beleuchtung der bewegten Oberfläche.

Kanne
Bunzlau, Schlesien, Ende 18. Jh., hochgebrannte Irdenware, H. 24 cm, Inv. Nr. Kling 11400

Neben reiner Gebrauchsware begründeten vor allem Kaffeekannen mit Lehmglasur und aufgelegtem, plastischen Dekor von 1760 bis zur Mitte des 19. Jahrhunderts den Ruf des Bunzlauer Geschirrs. Insbesondere der Kontrast von weißen Dekorauflagen und schokoladenbrauner Gefäßoberfläche kam dem Zeitgeschmack entgegen und machte diese Gefäße zu einem begehrten Exportartikel. Zur besseren Haftung des plastischen Schmucks auf der bauchigen Gefäßoberfläche wurden die Kannen häufig mehrseitig abgeplattet. Neben verschiedenen Wappenkartuschen gehörte das Osterlamm zu den beliebtesten figürlichen Motiven auf der Schauseite der Gefäße.

Angelika Kauffmann (1741–1807)
Porträt der Gräfin Catherine Skawronska, 1789,
Öl auf Leinwand, 158 : 122,5 cm, Inv. Nr. Gm 1931

1789

Angelika Kauffmann zählte zu den berühmtesten Künstlern ihrer Zeit. Sie hatte eine Zeitlang in London gelebt, wo ihr Freund und Förderer Reynolds neben Gainsborough als wichtiger Neuerer der Bildniskunst gefeiert wurde. Ihre Porträtauffassung war international Inbegriff eines Stils, der das aufgeklärte Streben nach Natürlichkeit übernahm und die dargestellten Personen traditionellen Formen gesellschaftlicher Repräsentation enthob. Jenseits von Stand und Funktion wurde jetzt die Individualität des Dargestellten zum Sprechen gebracht. Statt in einer prunkvollen Staatsrobe zeigt das Bildnis die Gräfin in einem locker fallenden griechischen Gewand und mit ungepuderter Lockenfrisur „natürlich" präsent.

Samuel Nahl (1748–1813)
Hebe, 1791, italienischer Marmor, H. 120 cm,
Inv. Nr. Pl. O. 3174

Hebe, die griechische Göttin der Jugend, kredenzte an der Göttertafel den göttlichen Nektar – den Trank der Unsterblichen. Hebe versinnbildlichte das klassizistische Lebensgefühl einer neu anbrechenden Zeit.

An die Stelle der gefühlsgeladenen und raumgreifenden Gesten barocker Skulpturen ist eine ruhige, in sich gekehrte Haltung getreten. Die Gewandstoff schmiegt sich den Körperformen an und hebt das Natürlich-Lebendige des Körperlichen hervor. „Nur simple Natur, ohne alle Affektion", lautete gegenüber dem Barock der ästhetische Anspruch des Klassizismus, den man vorbildhaft in der Skulptur der klassischen Antike verwirklicht sah. Nahl benutzte Antiken-Eindrücke als Inspiration, um in der Darstellung des menschlichen Körpers das klassizistische Ideal menschlicher Schönheit und natürlicher Vollkommenheit aufscheinen zu lassen.

Bertel Thorvaldsen (1770–1844)
Kindheit und Frühling, Marmorausführung nach Gipsmodell von 1836, Dm. 69,5 cm,
Inv. Nr. Pl. O. 3184. Leihgabe des Thorvaldsen Museums Kopenhagen

Thorvaldsen verbindet das Motiv der Jahreszeiten mit dem Motiv der Lebensalter, womit er es in einer neuen und allgemein gültigen Form interpretiert. Das Erwachen der Natur im Frühling setzt er der Kindheit gleich.

Thorvaldsen stellte die Gipsmodelle seiner Arbeiten in seinem Atelier in Rom aus. Seine Kunden konnten sich nach diesen Modellen Marmorausführungen bestellen, die von Mitarbeitern des Ateliers produziert wurden. Diese moderne Verkaufspraktik und die unbegrenzte Reproduktionsmöglichkeit der Entwürfe unterschieden sich vom traditionellen Bildhauerbetrieb. Thorvaldsen konzipierte seine Arbeiten nicht mehr für repräsentative fürstliche Bauten. Vielmehr dienten seine bildnerischen Ideen der individuellen Erbauung und konnten in verschieschiedensten Umgebungen Aufnahme finden, in Palästen ebenso wie in bürgerlichen Wohnungen. Die Plastik hatte sich damit vom adeligen Auftraggeber emanzipiert.

Jakob Philipp Hackert (1737–1807)
Ideallandschaft mit Juno-Tempel aus Agrigent, 1794, Öl auf Leinwand, 148 : 187 cm, Inv. Nr. Gm 2040. Leihgabe der Stadt Nürnberg

Hackert galt im ausklingenden 18. Jahrhundert als bester Landschaftsmaler seiner Zeit. Wichtig für seine Entwicklung war ein Aufenthalt in Paris, wo er die Philosophen der Aufklärung kennenlernte. Rousseaus berühmter Satz „Zurück zur Natur", seine Forderung nach Einfachheit und Echtheit gegenüber artifiziell erstarrten höfischen Kulturformen mußte Hackert in seinem Weg als Landschaftsmaler bestärken. Seine italienischen Landschaften entsprachen der Sehnsucht nach natürlicher Harmonie.

Telle eines Frühstückservices
Wien, Kaiserliche Manufaktur, 1796–1800, Porzellan, Unterglasurmalerei, Muffelfarben, Vergoldung, Kaffeekanne H. 21 cm, Inv. Nr. Ke 4980 a–f

Bei dem „Déjeuner" sind Teile des Porzellans mit einer Holzmaserung nachahmenden Malerei überzogen, die den Eindruck erwecken soll, an einer Holzwand seien kleine Radierungen mit Landschaftsdarstellungen befestigt. Die Bilder mit den beiden selbstvergessen in die Landschaften versunkenen Figuren laden zu einer empfindsamen Reise ein: Sie führt zu baumumwucherten Gebäuden, zu idyllischen Flußläufen, über die hölzerne Brücken schwingen, auf elegische Inseln mit antiken Ruinen.

Schrank

Egerland, 1796, Kiefer, bemalt,
180 : 131,5 : 47 cm, Inv. Nr. Kling 12453

In Anlehnung an die städtische Wohnkultur Egers und Karlsbads entstanden von der zweiten Hälfte des 18. bis zum 1. Drittel des 19. Jahrhunderts in den ländlichen Gebieten des Egerlandes farbig bemalte Möbel, die überwiegend Darstellungen von Liebespaaren in aktueller Modekleidung zeigen. Dabei wurden für Brautausstattungen in der Region mit Vorliebe ganze Zimmereinrichtungen in ihrer farbigen Bemalung und in der Auswahl der Motive aufeinander abgestimmt. Zu einer solchen Aussteuer gehörte sicher auch dieser zweitürige Kleiderschrank mit der für das Egerland typischen Malerei auf blauem Grund. Die vier von imitierten Furnierrahmen umgebenen Türfelder des Schrankes zeigen vier Paare in der zeitgenössischen Kleidung des Directoire.

Freimaurerbecher

Böhmen, um 1800, farbloses Glas, im oberen Wandungsteil in Mattschnitt Freimaurersymbole, H. 11,2 cm, Inv. Nr. Gl 1009

Von England aus verbreitete sich die Freimaurerei nach 1717 rasch über Europa. Den Logen schlossen sich Mitglieder unterschiedlicher Stände an, Fürsten, Staatsmänner, Feldherren, Kaufleute, Wissenschaftler und Künstler. Als ständisch ungebundene Vereinigungen wurden die Logen zu wichtigen Keimzellen bürgerlich-fortschrittlicher Gedanken.

Guillotine

Dillenburg, vor 1813, hölzernes Gestell, Messer und Führungsschienen aus Eisen, H. 3,55 m, Inv. Nr. StR 94

Die Guillotine, das Hinrichtungsgerät der Französischen Revolution, war eine Erfindung des Arztes J. I. Guillotin (1738–1814) und wurde per Dekret der Französischen Nationalversammlung vom 25.9.1791 eingeführt. Die Maschine sollte die zahlreichen Hinrichtungen rationalisieren und für die Betroffenen schmerzfrei machen. Der Henker löste das Halteseil des Messers, das dann mit hoher Geschwindigkeit nach unten fiel und den Kopf abtrennte. Die abgebildete Guillotine war bis 1813 bei dem französischen Justiztribunal des Herzogtums Berg in Dillenburg in Betrieb.

Großer Tafelaufsatz
Wien, Anton Köll, 1817, Silber, getrieben, gegossen, gedrückt, Durchbrucharbeit, H. 65 cm, Inv. Nr. HG 12235

Ein mit einem geknoteten Schurz gekleideter „Wilder" trägt eine große Schale, in der vermutlich Früchte dargeboten wurden. Die Trägerfigur erinnert an die vor 1800 einsetzende schwärmerische Begeisterung für den „edlen" Wilden, für den von zivilisatorischen Verformungen unberührten „Natur"-Menschen.

Frühstücksservice mit Bemalung in der Art griechisch-rotfiguriger Vasen
Gotha, Porzellanmanufaktur, um 1800, Porzellan, bemalt, H. Kaffeekanne 21,3 cm, Inv. Nr. Ke 2203 a–e

Während die schwungvollen Porzellan- und Dekorformen des Barock sich zu einer bewegten Einheit verbanden, strebte der klassizistische Geschmack nach Klarheit und Reinheit der Formen. Wie alle europäischen Manufakturen spezialisierte sich auch die Gothaer gegen Ende des 18. Jahrhunderts auf Geschirre in den neuen Formen. Seit etwa 1789 stellte sie Porzellane im Stil „à l'étrusque" her.

Josef Abel (1764–1818)
Maria Theresia Josepha Reichsgräfin von Fries mit ihren ältesten Kindern, 1811, Öl auf Leinwand, 199 : 158 cm, Inv. Nr. Gm 986

Gräfin Fries, die trotz ihrer glanzvollen gesellschaftlichen Stellung in Wien sehr zurückgezogen lebte, war bei ihren Zeitgenossen berühmt für die hingebungsvolle Liebe, mit der sie sich ihren Kindern widmete. Dies bringt Abel zum Ausdruck, indem er in seiner Komposition das Motiv der Karitas anklingen läßt, das die dargestellten Personen in eine zeitlos-ideale Darstellung einbindet.

1840

Ferdinand Georg Waldmüller (1793–1865)
Bildnis Eleonore Feldmüller, 1833, und Bildnis ihres Mannes, des Schiffermeisters Matthias Feldmüller, 1837, Öl auf Leinwand, 99 : 79 cm und 98 : 79,5 cm, Inv. Nr. Gm 1996, 1995.
Leihgabe der Stadt Nürnberg

Während im Biedermeier die Obrigkeit mit Demagogenverfolgung, Zeitungszensur und polizeilicher Sperrstunde „Bürgerruhe“ erzwang, nahmen andererseits in allen Bereichen die modernen technischen Entwicklungen ihren Lauf. Im Zuge des damit verbundenen wirtschaftlichen Aufschwungs gelangten die Bürger zu Wohlstand, der ihnen aktive Teilhabe an der Kunst ermöglichte. Wie hochgeborene Personen konnten sie es sich nun auch leisten, sich malen zu lassen.

Eleonore Feldmüller, eine Zimmermannstochter aus Hirschenau, war seit 1794 mit dem erfolgreichen Donauschiffsmeister verheiratet, der in Persenbeug einen großen Schiffereibetrieb aufgebaut hatte. Der gewonnene Wohlstand wird in den Porträts des Ehepaares durch die gediegene Kleidung zur Schau getragen. Feldmüller trägt über einer hellen Weste einen dunkelblauen Rock mit goldenen Knöpfen, seine Frau ein violettes Kleid aus glänzendem Atlas und dazu eine kostbare Linzer Goldhaube.

Linzer Goldhaube
Donauraum um Passau und Linz, um 1840, Draht, Goldlamé, Goldstickerei, Pailletten, schwarzer Tüll, H. 30 cm, Inv. Nr. Kl 214

Eine Kopfbedeckung war im 19. Jahrhundert unverzichtbarer Bestandteil der Frauenkleidung. Neben einer Vielfalt in rascher Folge wechselnder Hüte und Hauben fanden in bewußtem Rückgriff auf ältere Kleidungstraditionen auch repräsentative Trachtenhauben in die städtische Mode Eingang. Während im Münchner Biedermeier goldene und silberne Riegelhauben aufkamen, wurde die Linzer Goldhaube weit über Linz hinaus zur Kopfbedeckung wohlhabender Bürgerinnen und Großbäuerinnen, die den Reichtum der Trägerin ebenso zur Schau stellte wie deren Heimatverbundenheit.

Schreibschrank

Würzburg, Kunsttischlerei Gebrüder Barth, um 1850/51, Nußbaum, Palisander, Ebenholz auf Eichenkorpus, H. 210 cm, Inv. Nr. HG 11685

Die Stilmischung aus straff gegliederter Renaissance-Fassade und überreichen barocken Einlegearbeiten im Inneren des Schreibschranks ist bezeichnend für die Zeit des Historismus.

Die Darstellung des englischen Königspaars Victoria und Albert auf den Türflügeln weist auf Widmung und Bestimmung des Möbels hin. Die Gebrüder Barth beschickten mit diesem Schaustück die 1. Weltausstellung im Londoner Kristallpalast, die am 1. Mai 1851 durch Königin Victoria eröffnet wurde. Sie erhielten für das aufwendig gearbeitete Stück eine Preismedaille.

Caspar David Friedrich (1774–1840)
Schneehügel mit Raben,
Öl auf Leinwand, 21,5 : 28,8 cm,
Inv. Nr. Gm 2058. Leihgabe aus Privatbesitz

Durch Caspar David Friedrich und seine kontemplative Natursymbolik wurde Dresden zu einem Hauptzentrum der romantischen Landschaftsmalerei. Jenseits überlieferter Regeln der christlichen Symbolsprache wird bei ihm die Landschaft zum Spiegelbild eines subjektiv erfahrenen religiösen Erlebens, zur andachtsvollen Ikone des göttlichen Schöpfungsganzen und des Glaubens an ein ewiges Leben.

Friedrich Philipp Reinhold (1779–1840)
Mittagsrast (Salzburger Landschaft), 1831,
Öl auf Holz, 35,7 : 45,4 cm, Inv. Nr. Gm 2004.
Leihgabe der Stadt Nürnberg

Reinhold beseelt seine Komposition durch andächtige Innerlichkeit. Harmonisch sind die Gestalten der jungen Bäuerinnen in die friedliche Sommerlandschaft eingebunden. Reinhold malte das Bild vermutlich nach Skizzen, die er im August 1818 von seiner Reise durch das Berchtesgadener und Salzburger Land mitgebracht hatte. Dazu angeregt hatte ihn sein Künstlerfreund Ferdinand Olivier, der diese Landschaft nach den Kriegen gegen Napoleon besucht hatte. Die Verwendung der heimatlichen Landschaft als Träger religiöser Bedeutung spricht so auch von der romantisch-patriotischen Gesinnung, welche die Freiheitskriege entfacht hatten.

Johan Christian Clausen Dahl (1788–1857)
Mondnacht (über Dresden), 1827, Öl/Tempera auf Papier, 19,5 : 20,1 cm, Inv. Nr. Gm 2138.
Leihgabe Sammlung Maibaum, Lübeck

Als Dahl 1823 seine Wohnung am Elbufer in Dresden bezog, konnte er den Himmel von seinem Fenster aus ständig beobachten. Antrieb für das erwachende Interesse an Wolkenformationen zu Beginn des 19. Jahrhundert ist die romantische Sehnsucht nach der Ferne, dem Unerreichbaren, sich Wandelnden und Unbestimmten. Neben dieser Suche nach Grenzenlosigkeit spiegelt das Entstehen einer wissenschaftlichen Meteorologie das Bestreben der Zeit, in allen Erscheinungen die zugrunde liegenden Gesetzmäßigkeiten zu erkennen.

Hammerflügel
München, Louis Dulcken (1761–1836) und Sohn, um 1820, verschiedene Laub- und Nadelhölzer, Elfenbein, Messing, Eisen, Stahl, 91,5 (geschlossen) : 119,5 : 231,5 cm, Inv. Nr. MINe 126. Klavierhistorische Sammlung Neupert

Louis Dulcken erhielt 1782 eine Anstellung als „Mechanischer Hofklaviermacher" beim musikliebenden Kurfürsten Karl Theodor in München. Seine Instrumente baute er nach Wiener Vorbild mit Prellzungenmechanik und zahlreichen Pedalen, die verschiedene Klangveränderungen ermöglichten; so verfügt dieses Instrument über einen Fagottzug, der den Baßsaiten ein schnarrendes Geräusch verleiht, eine Verschiebung der Tastenreihe für die Absenkung der Lautstärke, einen Piano-Zug, bei dem sich ein Tuchstreifen zwischen Hämmer und Saiten legt, sowie eine Aufhebung der Gesamtdämpfung.

Carl Rottmann (1797–1850)
Hoher Göll im Alpenglühen, 1846, Öl auf Leinwand,
88 : 112 cm , Inv. Nr. Gm 1964. Leihgabe aus Privatbesitz

Rottmanns romantische Auffassung der Landschaft äußert sich prägnant in diesem Gemälde. Ihm dient das Motiv des Berges der Vergegenwärtigung von „Erdgeschichte". Dem Eindruck des Elementaren der seit Urzeiten gewachsenen Strukturen der Erdoberfläche inszeniert er durch seine besondere Lichtführung. Der Berg ist in die Glut der untergehenden Sonne getaucht, die das tiefe Blau der Himmelsweite ausdrucksvoll steigert.

Adolph Menzel (1815–1905)
Platz dem großen Raffael, 1859, Gouache auf Papier,
auf Pappe aufgezogen, 47 : 62,6 cm, Inv. Nr. Gm 1753.
Leihgabe der Stadt Nürnberg

Die Darstellung illustriert eine Anekdote des sächsischen Kurfürsten Friedrich August II. Er hatte Raffaels berühmte Sixtinische Madonna aus Piacenza erworben und ungeduldig befohlen, das eingetroffene Bild sofort in den Thronsaal zu bringen. Als man einen Augenblick zögerte, es im vorteilhaftesten Licht gerade dort aufzustellen, wo der Thronsessel stand, schob der König diesen eigenhändig mit dem Kommentar „Platz dem großen Raffael" beiseite.

Joseph von Führich (1800–1876)
Flucht nach Ägypten, 1834, Öl auf Holz, 24,8 : 31,2 cm, Inv. Nr. Gm 1735. Leihgabe der Stadt Nürnberg

Geprägt durch den Kontakt mit den Nazarenern, denen er sich während seines Romaufenthaltes 1827–29 anschloß, wandte sich Führich der religiösen Malerei zu. Die „Flucht nach Ägypten" malte er in Wien, wo er ab 1834 als Kustos der gräflich Lemberg'schen Gemäldegalerie und später als Professor an der Wiener Kunstakademie tätig war. Das Bild spiegelt mit seiner Anlehnung an die Malerei der Dürerzeit die Besinnung der Nazarener auf das Altdeutsche.

Johann Christian Lotsch (1790–1873)
Raffael-Büste, Marmor, H. 67 cm, Inv. Nr. Pl. O. 3214

Johann Nepomuk Zwerger (1796–1868)
Dürer-Büste, Marmor, H. 68,5 cm, Inv. Nr. Pl. O. 3213

Die beiden Büsten gehörten zur ehemaligen Treppenhausausstattung des alten Städelschen Instituts in Frankfurt am Main, das 1832 eingeweiht, ein Jahr später der Öffentlichkeit übergeben wurde. Im Zuge des Strebens nach einer „vaterländischen Kunst" in der Zeit der Befreiungskriege gegen Napoleon – der Rückbesinnung der Romantiker auf das Mittelalter als Zeit einer im christlich-katholischen Glauben einigen deutschen Nation – erlangten Dürer und Raffael große Wertschätzung. Man verehrte die religiöse Innerlichkeit ihrer Werke. Der romantisch-religiöse Stil der sogenannten „Nazarener" wurde im 19. Jahrhundert zu einem offiziellen Kunststil. Das Frankfurter Büsten-Paar war das erste öffentlich ausgestellte Dürer-Raffael-Denkmal, mit dem man ihrem Genie huldigte, das die Kunst der eigenen Zeit inspirierte.

Heinrich Hoffmann:
Drollige Geschichten und lustige Bilder
Die Geschichte vom wilden Jäger und
Der Struwwelpeter, 1844, kolorierte Federzeichnungen, 21 : 16,8 cm, Signatur Hs 100921

Der Arzt Heinrich Hoffmann (1809–1894) schuf den Struwwelpeter 1844 als Weihnachtsgeschenk für seinen damals dreijährigen Sohn. Bilder und Verse, die er seinen kleinen Patienten zur Ablenkung zeichnete und vortrug, waren das Ausgangsmaterial. Das so entstandene Manuskript wurde unter dem Titel „Lustige Geschichten und drollige Bilder mit 15 schön kolorierten Tafeln für Kinder von 3–6 Jahren" und dem Verfassernamen „Reimerich Kinderlieb" 1845 erstmals veröffentlicht. Erst die 5. vermehrte Auflage von 1848 erhielt den Titel „Der Struwwelpeter oder lustige Geschichten und drollige Bilder für Kinder von 3–6 Jahren". Seitdem steht der namengebende Struwwelpeter am Beginn des Buches. Vermutlich 1858 verfaßte Hoffmann ein zweites Manuskript mit veränderten Darstellungen, dem alle späteren Ausgaben folgen. Das Bilderbuch wurde in viele Sprachen übersetzt. Bis in die heutige Zeit nutzten zahlreiche „Struwwelpetriaden" das Struwwelpeterbild zu einer meist politisch gemeinten Interpretation der jeweiligen Gegenwart.

Schreibtisch von Wilhelm Grimm, um 1830/40
Nadelholz, Mahagonifurnier, H. 80 cm,
Inv. Nr. HG 13317

An diesem Schreibtisch von Wilhelm Grimm entstanden drei Bände des „Deutschen Worterbuches", für das die Werke deutscher Schriftsteller von Luther bis Goethe ausgewertet wurden. Das Interesse der bürgerlichen Geschichtswissenschaften in der Epoche der Romantik galt Sprache und Dichtung, den historischen Schriftquellen und Denkmälern der mittelalterlichen Architektur und Kunst ebenso wie den alten Märchen und Liedern. Ein bekanntes Werk der Brüder Grimm ist ihre Sammlung von Kinder- und Hausmärchen (1812), so wie sie „durch den Mund des Volkes" überliefert waren. Sie hatten die Überzeugung, daß sich in diesen im Volk erzählten Märchen „urdeutscher Mythus" „so rein als möglich" erhalten habe. Die Beschäftigung mit den Zeugnissen der vaterländischen Geschichte verband sich mit der Hoffnung auf die nationale Einheit Deutschlands.

Georg Friedrich Kersting (1785–1847)
Junge Frau, beim Schein einer Lampe nähend, 1828, schwarze und weiße Kreide auf grün grundiertem Papier, 30,0 : 23,5 cm, Inv. Nr. StN 10551. Eigentum der Stadt Nürnberg

Als Beitrag zum Nürnberger Dürer-Stammbuch von 1828 lieferte Kersting das stimmungsvolle Bildnis seiner Frau Agnes. Ganz in ihre Handarbeit versunken, sitzt sie im Profil vor einem hochbeinigen Biedermeier-Tischchen, auf dem der Nähkorb und die Bibel liegen. Der fahle Schein einer Tischlampe hebt die Näherin aus dem Dämmer des kahlen Innenraums und verleiht der stillen häuslichen Tätigkeit etwas Weihevolles. Das schlichte Interieur wird zum idealen Resonanzraum romantischer Innerlichkeit.

Damenkleid des Biedermeier
Süddeutschland, um 1830, Baumwolle, bedruckt, Gesamtlänge: 123 cm, Taillenweite: 70 cm, Inv. Nr. T 7438

Im Biedermeier verlor die Frauenkleidung noch einmal ihre unter dem Einfluß aufklärerischer Ideen gewonnene Freiheit von Korsett und Reifrock. Die erneut eng geschnürte Taille rückte an ihre natürliche Stelle. Die weiten Röcke wurden über stützenden Unterröcken getragen, ehe die nach der Jahrhundertmitte millionenfach hergestellte Stahlreifenkrinoline den ehemaligen Reifrock in das Industriezeitalter überführte. Beliebt waren bedruckte Baumwollstoffe, deren Produktion vielerorts zu einem bedeutenden Wirtschaftsfaktor wurde.

Frühstücksservice der Louise de France
Wien, Vinzenz Blasowitz, 1846, Silber, gegossen, getrieben,
Tasse und Untertasse Porzellan der Wiener Manufaktur,
Inv. Nr. HG 12238

Die erste Besitzerin des kostbaren Ensembles war die Bourbonenprinzessin Louise de France (1819–1864), deren Monogramm die meisten Teile tragen. Der Neobarock, der in diesem Sevice sehr ausgeprägt ist, bekam vor allem in Frankreich seit der Wiedereinsetzung der Bourbonen 1824 starken Auftrieb und wurde auch in anderen europäischen Ländern zum Repräsentationsstil der Restaurationszeit. In dem Service von Blasowitz werden die barocken Stilelemente frei mit floralen Dekorformen variiert.

Ferdinand von Rayski (1806–1890)
Franziska (Fanny) Gräfin von Giech, geb. Gräfin Bismarck, 1837, Öl auf Leinwand, 126,5 : 97,5 cm, Inv. Nr. Gm 1991. Leihgabe der Stadt Nürnberg

Rayski schuf das Porträt während seiner fränkischen Zeit 1837–38 in Würzburg, wo er bevorzugter Porträtist des einheimischen Adels wurde. Es zeigt die Gräfin ganz bürgerlich, wie sie Blumen in einer Vase ordnet. Biedermeierliche Vorstellungen vom zurückgezogenen häuslichen Wirken der Frau treten bei Rayski allerdings durch die fulminante Malweise zurück. Rayski ersetzt Standesattribute durch Seelenadel, den die Handlung vermittelt, und schließlich durch die malerische Eleganz. Die leichte Untersicht, das kostbare grau-weiße Atlaskleid und der rechts angedeutete Vorhang sind noch Reminiszenzen an traditionelle Standesporträts mit ihrer festgelegten Ikonographie. Deren Rezeption ließ Rayski schließlich zum beliebtesten Porträtmaler des Adels werden.

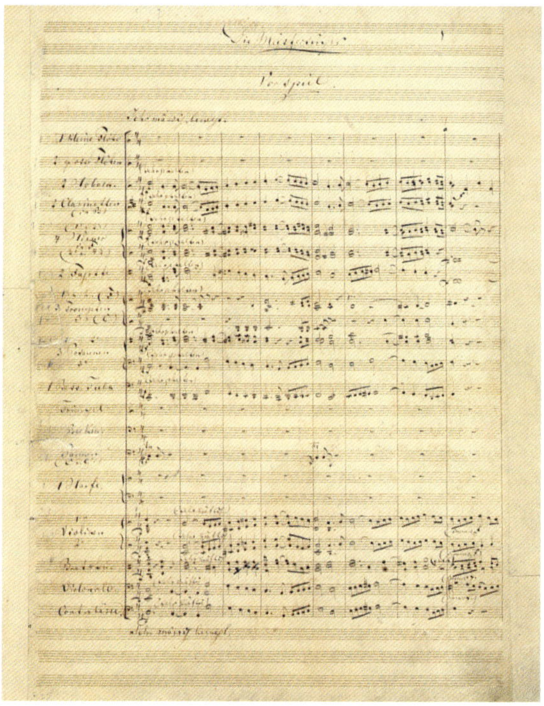

Richard Wagner: Die Meistersinger von Nürnberg
Vorspiel, Autographe Partitur, Tinte auf Papier, Genf und Triebschen, 1866–1867, 34 : 27 cm, Signatur Hs 102655

Zur 50. Jahrfeier der Museumsgründung 1902 übergab Prinzregent Luitpold die Originalpartitur von Richard Wagners „Die Meistersinger von Nürnberg“. Nachdem Wagner (1813–1883) das Vorspiel zur Oper bereits am 31. Oktober 1862 in Leipzig dirigiert hatte, erlebte sie am 21. Juni 1868 ihre Uraufführung in München. Die Partitur wurde 1922 als Faksimile herausgegeben. Da sie kein eigentliches Titelblatt besaß, wurde für das Faksimile das Titelblatt einer in New York aufbewahrten Reinschrift des Textes genutzt.

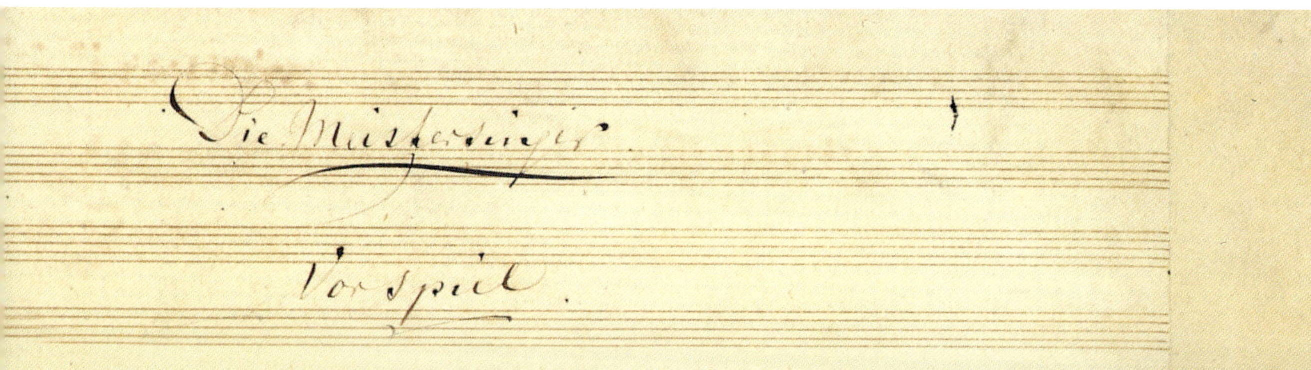

Philipp Veits Monumentalgemälde der „Germania" appellierte an die Abgeordneten der deutschen Nationalversammlung in der Frankfurter Paulskirche, einen deutschen Nationalstaat und eine deutsche Verfassung zu schaffen. Unter Beteiligung von Mitarbeitern in kürzester Zeit gemalt, hing es an der hohen Wand über dem Präsidium, flankiert von zwei runden Tafeln mit der Aufschrift: „Des Vaterlands Größe des Vaterlands Glück / O, schafft sie, o bringt sie dem Volke zurück!"

Einheit und Freiheit

1848

Constituierende deutsche National-Versammlung
Lithographie, Verlag C. A. Lill, Mai 1848

Die Initialzündung für die erste deutsche Nationalversammlung gab 1848 die Pariser Februarrevolution. Sie stürzte den Bürgerkönig Louis-Philippe, bescherte Frankreich für kurze Zeit eine zweite Republik mit allgemeinem Wahlrecht und wirkte in Deutschland wie ein Fanal. Überall in den 39 deutschen Staaten versammelten sich die Bürger zu politischen Diskussionen. Reformen zu Beginn des Jahrhunderts hatten ihnen zwar wirtschaftliche Freiheit gebracht, politische Mitbestimmung war ihnen aber versagt geblieben. Die Hoffnung auf eine alle deutschen Teilstaaten vereinende, bürgerliche Verfassung war durch die Befreiungskriege, das gemeinsame Aufbegehren der vielen deutschen Staaten gegen die napoleonische Fremdherrschaft entfacht worden. Der durch die Ereignisse in Frankreich erneut entfachte Ruf nach Freiheitsrechten kulminierte im März in Berlin und Wien in Barrikadenkämpfen. Anfang Mai wurde eine der Märzforderungen erfüllt: In allen deutschen Staaten wählte man Abgeordnete einer Nationalversammlung; am 18. Mai wurde das Parlament in der Frankfurter Paulskirche feierlich eröffnet.

Veit hat seine Germania aus seinem Fresko von 1836 für das Städel in Frankfurt am Main entwickelt, das ihm sicher auch zu diesem Auftrag verholfen hat. Die mehr als doppelt lebensgroße Gestalt ist in starker Untersicht vor aufgehender Sonne dargestellt. Die Kaiserkrone fehlt, da über die Verfassung erst das Parlament befinden sollte. Der kaiserliche Krönungsmantel mit dem Doppeladler im Brustschild läßt jedoch Sympathie für das Kaisertum erkennen. Statt der Krone liegen gesprengte Ketten, Symbole der Befreiung, zu Füßen der Germania. Zusammen mit der aufgehenden Sonne deuten sie auf die erhofften Freiheiten hin. Die schwarz-rot-goldene Trikolore, die ehemals verbotenen Farben, rufen die Träume der Urburschenschaft in Erinnerung. Das mit einem Ölzweig umwundene Schwert deutet auf Stärke und Friedfertigkeit der Reichsmacht. Der Eichenkranz im Haar steht für die deutsche Nation: Seit der Mitte des 18. Jahrhunderts, vor allem seit Klopstock, wurde die Eiche für das urdeutsche Gewächs gehalten; 1848 weckte sie wohl auch noch Erinnerungen an die Befreiungskriege gegen Napoleon.

Die von der Frankfurter Nationalversammlung im März 1849 vorgelegte erste demokratische Verfassung Deutschlands verankerte die Grundrechte der Staatsbürger, schrieb das allgemeine, gleiche Wahlrecht fest und regelte die erbliche Kaiserwürde, die dem König von Preußen angetragen wurde. Friedrich Wilhelm IV. weigerte sich jedoch, die Krone aus der Hand eines konstitutionellen Parlaments, der Hand des Volkes, anzunehmen, einen „Reif aus Dreck und Letten (Lehm) gebacken", wie er es schroff formulierte.

Nach dem Scheitern der Revolution beschloß die Bundesliquidationskommission am 30. Januar 1867, „einige Gegenstände von historischem Interesse aus der Ausstattung der Paulskirche" – darunter Veits Germania – als „historische Reliquien" dem Germanischen Nationalmuseum in Nürnberg zu übereignen. Dies erinnert an die Bedeutung des Museums, das als „Centralanstalt für deutsche Geschichte" die „geistige Einheit Deutschlands" vertreten sollte. Die Hoffnung auf die nationale Einheit Deutschlands wurde erst 1871 – wenn auch unter anderen politischen Vorzeichen – im deutschen Kaiserreich verwirklicht.

U. P. / R. S.

Philipp Veit (1793–1877)
Germania, März 1848,
Öl auf Leinwand,
482 : 320 cm, Inv. Nr. Gm 608

Carl Spitzweg (1808–1885)
Der arme Poet (Erste Fassung), 1837, Öl auf Leinwand, 37,6 : 44,9 cm, Inv. Nr. Gm 2069. Leihgabe aus Privatbesitz

In seinem berühmten Gemälde schildert Spitzweg einen Sonderling. Eigenwillig anrührend geht der „arme Poet" unter seiner Zipfelmütze in einem armseligen Dachstübchen seinen dichterischen Träumen nach. Die Zipfel- oder Nachtmütze erlangte in jener Zeit der politischen Reaktion Signalwert. Sie geisterte durch die Literatur und in aufreizender Massierung durch Zeichnungen der Karikaturisten. Als Symbol „gesicherter" Abendruhe wurde sie zum Zeichen des verschlafenen, aus der Politik ausgeschlossenen Bürgers. Insbesondere in der französischen Karikatur wurde die „Nachtmütze" zum verschlüsselten Symbol von Respektwidrigkeit.

Zylinder
München (?), um 1820, naturfarbenes Feinstroh, Seidenfutter, Innenband Leder, H. 24 cm, Inv. Nr. T 1806

Der Zylinder, der als Hut amerikanischer Freiheitskämpfer nach Europa kam, war die männliche Kopfbedeckung des 19. Jahrhunderts schlechthin. Sein modischer Aufstieg erfaßte rasch alle Schichten. Erst nach der Revolution von 1848/49 wurde er zum Zeichen des Bürgers, während die alltägliche Schirmmütze der Handwerker zum Symbol der Arbeiterbewegung wurde. Höhe und Ausformung des Zylinders wechselten mit dem Zeitgeschmack. Als Materialien bevorzugte man Seidenplüsch und Filz, im Sommer Strohgeflecht.

Carl Spitzweg (1808–1885)
Der Bücherwurm, Öl auf Leinwand, um 1850/60, 48 : 26 cm, Inv. Nr. Gm 2070. Leihgabe aus Privatbesitz

Spitzweg nähert sich mit liebenswürdig-ironischen Genredarstellungen feinsinnig dem Kolorit der Biedermeierzeit an. Er schildert den Bürger, der sich, von politischer Mitverantwortung ausgeschlossen, auf seinen sorgsam gehüteten privaten Lebensbereich zurückgezogen hat – biedermeierliches Glück im stillen Winkel.

Der Begriff Bücherwurm meint im 19. Jahrhundert den wissensdurstigen Bürger, der sich durch alle ihm erreichbare Literatur „hindurchfrißt". Gemeint war zunächst der mutige, zu neuen Ufern strebende Bürger, der sich engagiert mit dem Wissen seiner Zeit auseinandersetzt und aktiv an den gesellschaftlichen Entwicklungen teilnimmt.

Pickelhaube eines Infanterieoffiziers
Schleswig-Holstein, 1848–1850, Leder, Messing vergoldet und teilweise versilbert, Seidenfutter, H. 20,5 cm, Inv. Nr. W 251

1842 wurde in der preußischen Armee im Rahmen einer Bekleidungsreform die „Pickelhaube“ eingeführt, die bereits als Folge der blutig niedergeschlagenen demokratischen Revolution von 1848 zum Symbol politischer Reaktion und von Militarismus in Deutschland wurde. Allerdings wurde die Pickelhaube auch außerhalb Preußens in vielen anderen Staaten getragen, so das vorliegende Stück aus Schleswig-Holstein im Kampf gegen Dänemark ab 1848. Der Helm trägt deshalb den ungekrönten Doppeladler – das Reichssymbol von 1848 – mit dem Schleswig-Holsteinischen Wappen und die schwarz-rot-goldene Kokarde des republikanischen Deutschland.

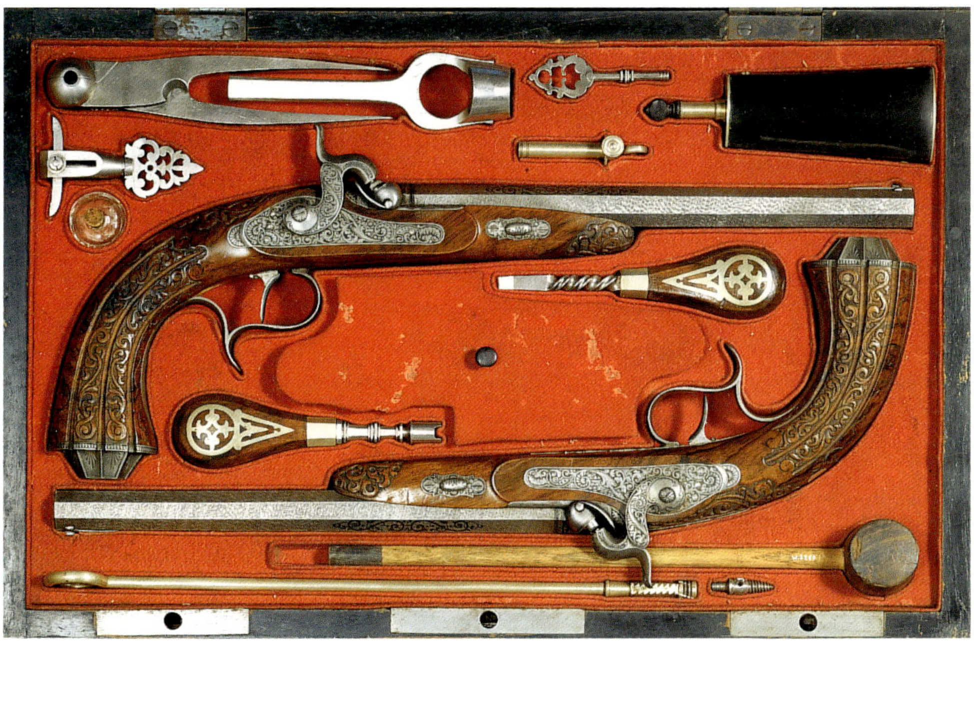

Scheibenpistolen mit Perkussionsschlössern
Regensburg, Johann Adam Kuchenreuther (1794–1869), um 1850/60, Eisen / Stahl, graviert, gezogene Damastläufe, tauschiert, Silber, Nußbaumholz, Kasten aus Nußbaum, furniert, Samt, L. 43,8 cm, Inv. Nr. W 3280

Im Gegensatz zu Duellpistolen besitzen Scheibenpistolen mehrheitlich gezogene Läufe und eine Visiervorrichtung. Diese Pistolen dienten zum sportlichen Scheibenschießen. Die durch das Einschießen von Duellpistolen gewonnenen wichtigen ballistischen Erkenntnisse wurden bei der Konstruktion von Scheibenpistolen berücksichtigt. Ihre Herstellung als ausgesprochene Sportwaffe setzte im letzten Viertel des 19. Jahrhunderts ein. Das für König Ludwig II. mit umfangreichem Ladezubehör im Kasten gearbeitete Pistolenpaar trägt auf den silbernen Daumenblechen das königliche Monogramm mit Krone.

Maske mit Aufsatz

Thaur, Tirol, 2. Hälfte 19. Jh., Maske aus Holz, Aufsatz aus künstlichen Blumen, Glaskugeln, Drahtarbeit, Federn, Seidenbändern, H. 90 cm, Inv. Nr. Kling 14073

Zu den herausragenden Maskengestalten des Tiroler Fastnachtsbrauchs gehört der Altar- oder Spiegeltuxer, der als Anführer einer Gruppe ebenfalls maskierter Männergestalten in Tuxer Tracht auftritt. Während die jugendlich gestaltete Gesichtsmaske mit Bart auch von den übrigen Männern getragen wird, zeichnet sich der Spiegeltuxer durch einen als Altar bezeichneten, hohen Kopfputz aus. Er ist aus Kunstblumen und aufwendigem Federschmuck gefertigt und in der Mitte mit einem Spiegel verziert. Zusammen mit anderen Maskengestalten in Flicken- und Fransengewändern sind auch die Tuxer Teil des sogenannten „Huttlerlaufes“ in Thaur bei Innsbruck.

Schwälmer Festtrachten

Hessen, Schwalm, 2. Hälfte des 19. Jh., Frauenkleidung: Mieder Baumwollsamt, Hemd, Rock, Schürze Chintz. Männerkleidung: Hose Leder, Rock und Weste Tuch, Fellmütze, Inv. Nr. Kling 138, 139

Den Grundstock der Trachtensammlung bilden die von dem Sammler Oskar Kling seit 1890 zusammengetragenen Bestände. Als Zeugnisse einer alten, im Aussterben begriffenen ländlichen Kleidungskultur gelangten sie um 1900 in das Germanische Nationalmuseum. Auch an ihnen sind modische Entwicklungen, industrielle Neuerungen und zeiteigene Stilisierungen nicht vorübergegangen. Ein Beipiel von vielen ist die Schwälmer Frauentracht, die ihre kurzen weiten Röcke, den breiten Stecker und die hoch aufsitzende rote Haube erst in der zweiten Hälfte des 19. Jahrhunderts erhielt.

Die Gewinnung und die Segnungen des Gaslichts

Hermann Kellner (1814–1877) nach einem Entwurf von August von Kreling (1818–1876), 1864/67, Glasmalerei, je 150 : 50 cm, Inv. Nr. MM 831–33

Die Glasgemälde sind ein einzigartiges Zeugnis der Technik- und Fortschrittsbegeisterung des 19. Jahrhunderts. Im Festsaal der Villa des Nürnberger Gaswerkdirektors schmückten sie ursprünglich ein kapellenartiges Chörlein. Die Gewinnung und die Vorteile des Gaslichts schildern sie wie ein Märchen. So helfen Heinzelmännchen den Bergleuten bei der Förderung der Kohle, die im mittleren Fenster in der Kokerei des Gaswerks verwandelt wird. Das hellerleuchtete öffentliche Lesekabinett und der Ballsaal bezeugen die der modernen Lichtquelle verdankte neue Qualität des Lebens.

1865

Benjamin Vautier (1829–1898)

Der Hauslehrer, 1865, Öl auf Leinwand, 72,5 : 92,5 cm, Inv. Nr. Gm 1669

Vautiers Bild zeigt eine großbürgerliche Familienszene. Man hat es zu etwas gebracht – die Familie kann sich sogar einen eigenen Hauslehrer leisten. Das zu Wohlstand gekommene Bürgertum gibt sich betont distinguiert. So hat man bei der Einrichtung auf das „traditionell vornehme" Barock fürstlicher Wohnsitze zurückgegriffen. Gleichzeitig enthält die Einrichtung auch Elemente des beliebten „altdeutschen Stils" wie einen Hocker im Stil der Renaissance oder einen über den Tisch drapierten Teppich. Zwei chinesische Vasen vor dem hohen Spiegel bringen einen Hauch Exotik ins Heim.

Anselm Feuerbach (1829–1880)
Ruhende Nymphe, 1870,
Öl auf Leinwand, 112 : 190 cm, Inv. Nr. Gm 1705.
Leihgabe aus Privatbesitz

Die Komposition der „Ruhenden Nymphe" knüpft an den Typus der „Schlafenden Venus" von Giorgione an – eine Verkörperung der in sich ruhenden Natur. Ihre göttliche Beseeltheit bringt Feuerbach durch das Motiv des Schmetterlings zum Ausdruck. Den Schmetterling – in der Antike ein Sinnbild für die Seele und ihrer Sehnsucht nach dem göttlichen Ursprung – hat er in die Mittelachse der Komposition gesetzt. Statt mit einer Quelle oder einem Brunnen bringt er die Nymphe mit der Weite des Meeres in Verbindung, womit er den angestrebten Eindruck mythologischer Größe unterstreicht.

Hans Makart (1840–1884)
Dame mit Federhut, um 1875, Öl auf Leinwand, 135 : 82 cm, Inv. Nr. Gm 1658. Leihgabe der Bundesrepublik Deutschland

Der in Wien als Malerfürst Triumphe feiernde Makart griff stilistisch auf die festliche venezianische Malerei des 16. Jahrhunderts zurück. Auch thematisch orientierte er sich an historischen Motiven. Für ihn waren sie in erster Linie Anlaß, um eine schöne und reiche Welt von überquellender Üppigkeit zu schildern, wie sie sich das Publikum der Gründerzeit erträumte.

Prunkschale
Firma Joseph und Ludwig Lobmeyr, Wien, um 1870/80, Kristallglas, geschliffen, matt geschnitten, blank gekugelt, Dm. 27 cm, Inv. Nr. Gl. 535

Die meisterhafte Ausführung der Glaschale verdankt die in Wien führende Glasfirma dem Glasschneider Carl Pietsch in Steinschönau, der hier nach Vorlagen von August Kühne (Figur) und Josef von Storck (Ornament) arbeitete. Das streng symmetrische Ornament aus Blüten und Weinblättern ist eine Weiterführung von Formen der Renaissance, die auch Anregungen für die Seekentaurin im Fond vermittelte.

Max Liebermann (1847–1935)
Kartoffelbuddler in den Dünen von Zandvoort, 1891, Öl auf Leinwand, 75 : 105 cm, Inv. Nr. Gm 1747. Leihgabe der Stadt Nürnberg

Liebermann, einer der führenden deutschen Impressionisten, kam wie viele seiner Malerkollegen durch Anregungen der Schule von Barbizon zur Freilichtmalerei. Auch setzte er sich mit der Malweise von Frans Hals auseinander, vor allem während seiner häufigen Aufenthalte in Holland. Solche Einflüsse verarbeitete er zu einem Malstil, bei dem die Wiedergabe der Wirklichkeit in der atmosphärischen Wirkung des Lichtes aufgehoben ist.

Lovis Corinth (1858–1925)
Bildnis Charlotte Berend-Corinth, 1912, Öl auf Leinwand, 64 : 50 cm, Inv. Nr. Gm 1725. Leihgabe der Stadt Nürnberg

Mit schnellen, breiten Pinselstrichen und kräftig gesetzten Farben baut Corinth das Bild auf, das seine mondäne Frau im kurzen Moment einer Kopfwendung einfängt. Das Blauviolett ihrer Kleidung dominiert die Farbkomposition und läßt die zarten Farben des hellen Gesichtes hinter dem mit getupften Blautönen angedeuteten Schleier um so mehr leuchten. Entscheidend für die impressionistische Haltung ist nicht mehr die exakte Zeichnung, sondern allein die Wirkung von Farbe und Licht.

Vase in Bronzemontierung, 1899
Hersteller: Johann Lötz Witwe, Klostermühle b. Unterreichenstein, Westböhmen, Dekor: 1898, Phänomen Genre 6893, Form: 1899, modelgeblasenes und geformtes farbloses Glas, mit Silbergelbfäden umsponnen, irisiert, Bronzemontierung in Form dreier Irispflanzen. Blüten vergoldet, Blattwerk grün gefaßt, Wurzeln ungefaßt, H. 23,3 cm, Inv. Nr. Gl 993

Auf der Pariser Weltausstellung 1900 erhielt die Firma Lötz neben Gallé und Tiffany den Grand Prix. Einen bedeutenden Ruf erwarb sich das Unternehmen durch das aufwendig irisierte „Phänomenglas". Die extravaganten Lötz'schen Lüstrierungen wurden zu einem Inbegriff für die Glaskunst im Jugendstil.

Henry van de Velde (1863–1957)
Schreibtisch, 1898, Eichenholz, Messing, Leder, 76 : 261 : 100 cm, Inv. Nr. HG 10254

Der belgische Künstler Henry van de Velde prägte den Jugendstil in Deutschland entscheidend mit. Mit der Wahl des Eichenholzes für die Möbelgruppe, zu der dieser Schreibtisch gehört, bleibt er noch den Vorstellungen von einem repräsentativen Herrenzimmer verhaftet. Neu ist die aus dem Linienfluß der floralen Richtung des Jugendstils entwickelte dynamische Form. Darüber hinaus zeigt die Verwendung von massivem, nichtfurnierten Holz die im Jugenstil propagierte Forderung nach Materialgerechtigkeit. Der 1896 entstandene Entwurf kam bis 1900 viermal zur Ausführung.

Nautiluslampe, 1899
Entwurf: Gustav Gurschner (1873–1970), Bronze, gegossen, Nautilusschnecken-Gehäuse H. 46,5 cm, Inv. Nr. HG 12840

Gurschners Nautiluslampe gibt ein prägnantes Beispiel für die Abkehr des Jugendstils von den Stiladaptionen des Historismus. Die stereotype Wiederholung historischer Stilformen in der modernen Kunstindustrie interpretierten damalige Kritiker als Anzeichen des kulturellen Niedergangs der auf Technik und Industrie basierenden Zivilisation. Man forderte eine Rückkehr zum kreativen Handwerk durch Besinnung auf die Formen der Natur. Die Inspirationsquelle Natur hat Gurschner sehr konkret verarbeitet. Als Leuchtkörper seiner Lampe dient das Gehäuse einer Nautilus- oder Perlboot-Schnecke.

Prunkbowle
Fa. J. C. Wich, Nürnberg, nach Entwurf von Friedrich Adler (1878–1942 Auschwitz), Hamburg, 1910, Silber, gegossen, getrieben, ziseliert, partiell vergoldet, Elfenbein, Email champlevé, H. 56,7 cm, Inv. Nr. LGA 9138

Als repräsentatives Prunkgefäß dokumentiert die „Adler-Bowle“ die Versiertheit des Entwerfers im spielerischen Kombinieren historischer Grundformen mit aktueller Ornamentik. Mit ihrem breiten zylindrischen Schaft und der aufschwingenden Cuppa bildet die Bowle einen Pokal mit den Dimensionen eines mittelalterlichen Grales nach. Die Spindelstäbe des Schaftes, die facettierten Flächen des Deckels und der durchbrochene Elfenbeinknauf hingegen folgen der zeitgenössischen Ornamentik der Jahrhundertwende. „Urformen“ aus der Natur wie geometrisch facettierte Kristallgitter oder die Zellgerüste von Korallen gewannen damals Vorlagencharakter.

Von 1901 bis 1913 veranstaltete das Bayerische Gewerbemuseum „Kunstgewerbliche Meisterkurse“ unter der Leitung renommierter Künstler. Von 1911 bis 1913 wurde Friedrich Adler damit betraut. Als Innenarchitekt, Textildesigner und Entwerfer für jüdisches Kultgerät und Keramik, aber auch für Haushaltswaren aus Kunststoff zählt Adler neben Peter Behrens und Richard Riemerschmid – die ebenfalls Meisterkurse im Gewerbemuseum abhielten – zu den führenden Vertretern des deutschen Jugendstils und der Reformbewegung des Deutschen Werkbundes.

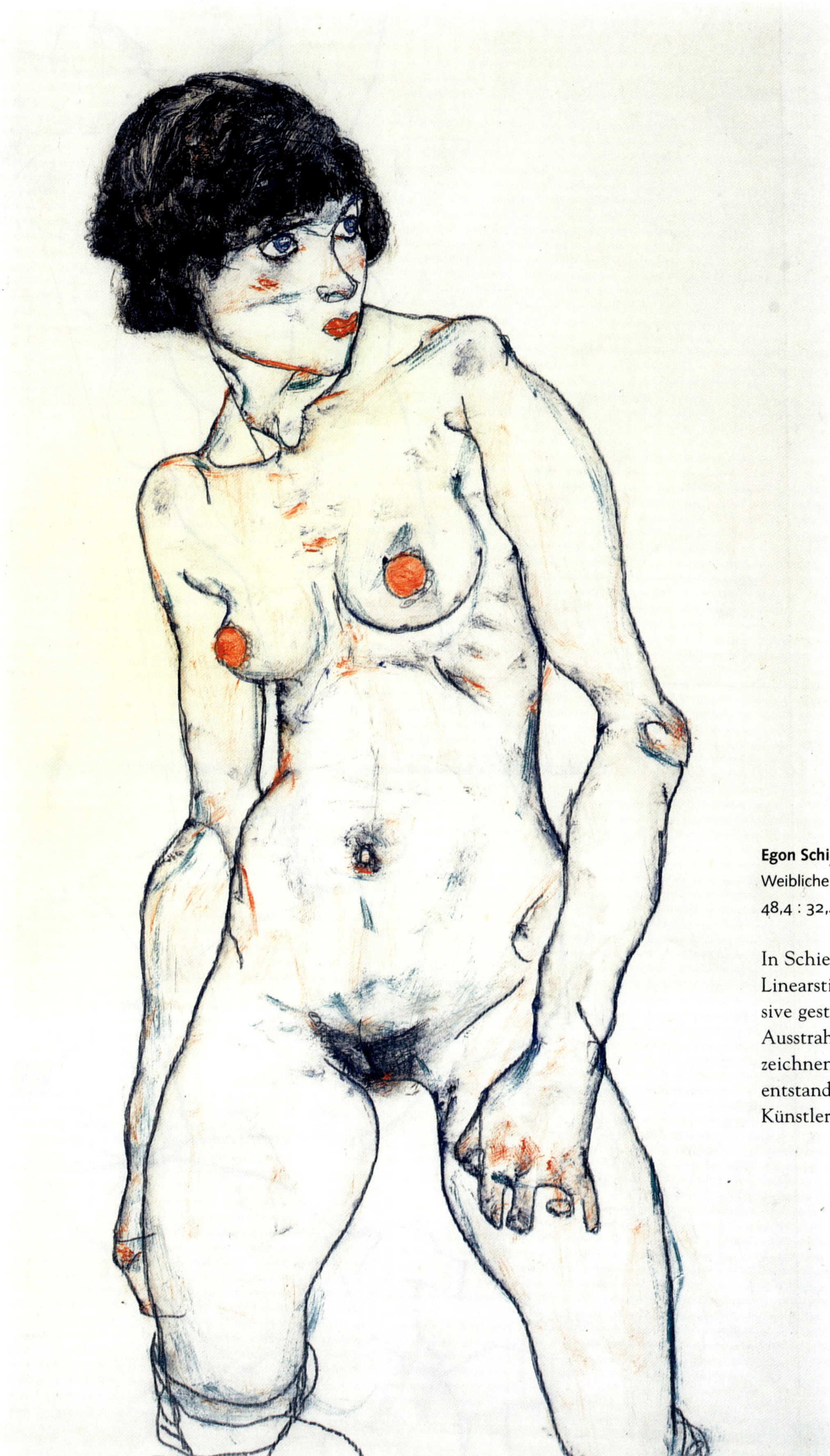

Egon Schiele (1890–1918)
Weiblicher Akt mit Strümpfen, 1914, Graphit, Deckfarben, 48,4 : 32,4 cm, Inv. Nr. Hz 3532

In Schieles Zeichnungen ist der dekorative Linearstil der Wiener Sezessionskunst ins Expressive gesteigert. Nervöse Anspannung, erotische Ausstrahlung und lauernde Aggressivität kennzeichnen die am Vorabend des ersten Weltkriegs entstandene Aktzeichnung, die als Geschenk des Künstlers ins Germanische Nationalmuseum kam.

Oskar Kokoschka: Die träumenden Knaben

Die Insel, Wiener Werkstätten, 1908, Lithographie, 23,7 : 28,2 cm, Signatur Kz KOK 67/13

Die Wiener Werkstätten beauftragten Oskar Kokoschka (1886–1980), ein Bilderbuch für Kinder zu gestalten, das als Farblithographie gedruckt werden sollte. Nach der ersten Seite löste er sich vom Entwurf und gestaltete mit eigenem Gedichttext und eigenen Bildentwürfen das vorliegende Bilderbuch. Mit diesem Erstlingswerk schuf Kokoschka eines der schönsten Werke des Jugendstiles, dessen farbstarke Lithographien einen dekorativen Flächenstil vertreten, angeregt durch das Werk seines Lehrers Gustav Klimt, dem das Buch in Verehrung zugeeignet ist.

Spielzeugauto

Nürnberg, Jean Stöttner, nach Entwurf von August Geigenberger (1875–1909), Wasserburg am Inn, 1903, Holz, Ölfarbe, H. 22 cm, Inv. Nr. LGA 8760

Das schnittige Gefährt mit dem energisch vorgebeugten Fahrer zeugt von der Faszination, die das neue Fahrzeug „Automobil" auf die Zeitgenossen ausgeübt hat; es wurde für den „Wettbewerb für künstlerische Holzspielwaren" des Bayerischen Gewerbemuseums entworfen. August Geigenberger war als Karikaturist und Illustrator für Kinderbücher und die Zeitschrift „Jugend" tätig. Nach der Prämierung seines Entwurfs wurde der Nürnberger Kunstschreiner Jean Stöttner mit der Ausführung des Prototyps betraut. Das Spielzeugauto gelangte jedoch nicht in die Serienproduktion.

Halskette mit Anhänger
Wien, Entwurf Josef Hoffmann, Ausführung Wiener Werkstätte, um 1907/08, Silber, Malachit, Saphir, Opal, Türkis, Aventurin, Moosstein, Chrysopras, Turmalin, 4,5 : 4,5 cm (Anhänger), Inv. Nr. T 5643

Der Anhänger, zu dem sich in Wien eine Entwurfszeichnung erhalten hat, ist charakteristisch für die material- und ornamentbetonten Arbeiten Joseph Hoffmanns in diesen Jahren. In einem Quadrat aus Silberdraht gruppieren sich fünfzehn à jour gefaßte Halbedelsteine in freier Zuordnung um einen großen runden Malachit. Ein zweiter, die Kette wie bei einem Amulettgehänge bündelnder Malachit unterstreicht den bereits durch die dominierende Präsenz der Steine gegebenen Charakter des Schmucks.

Sitzgruppe „Fledermaus", um 1905
Entwurf Josef Hoffmann, Ausführung: Jacob & Josef Kohn, Wien, Buche, Mahagoni gebeizt, poliert, H. 74 cm, Inv. Nr. 12645 a, b, HG 12648

Eines der Fanale des Stils der Wiener Secession war das Kabarett „Fledermaus". Es wurde von Josef Hoffmann und der „Wiener Werkstätte" konzipiert und 1907 im Zentrum Wiens eröffnet. Einige der für das Kabarett ausgeführten kunstgewerblichen Entwürfe kamen als industrielle Serienerzeugnisse auf den Markt, was dem secessionistischen Gedanken einer „Kunst für Alle" entsprach. Der von Hoffmann für das Kabarett entworfene „Fledermaus"-Stuhl war Ausgangsmodell einer Sitzgarnitur und wurde zusammen mit Bank und Armlehnsessel von der Wiener Bugholzfirma Kohn als „Sitzgruppe Fledermaus" angeboten.

„Wir rufen alle Jugend zusammen und als Jugend, die die Zukunft trägt, wollen wir uns Arm- und Lebensfreiheit verschaffen gegenüber den wohlangesessenen älteren Kräften. Jeder gehört zu uns, der unmittelbar und unverfälscht wiedergibt, was ihn zum Schaffen drängt", schrieb Ernst Ludwig Kirchner 1906 im Manifest der Dresdner Künstlergemeinschaft „Die Brücke". Sie war eines der Hauptzentren der Expressionismus-Bewegung in Deutschland. Ihr Name sollte den Wunsch zum Aufbruch zu neuen Ufern ausdrücken. Ihre Mitglieder wollten die Malerei von blutleeren akademischen Regeln, von allem „Unechten" befreien und sie zum Ausdrucksmittel individuellen Erlebens machen. Die ekstatische Farbsteigerung van Goghs, die farbigen Visionen der Fauves, die hintergründigen Bildwelten Munchs boten ihnen hierbei ein Vorbild.

Die Schönheit des Unverfälschten

1914

Ernst Ludwig Kirchner (1880–1938)
Selbstbildnis als Trinker, 1914,
Öl auf Leinwand, 119,5 : 90,5 cm,
Inv. Nr. Gm 1667

Die „wilde“ Farbigkeit der Brücke-Maler, ihre „primitiven“, auf Illusionismus verzichtenden Formen zeugen ebenso wie ihre Auseinandersetzung mit afrikanischer und ozeanischer Kunst von ihrem Streben nach urwüchsigen, „unverfälschten“ Ausdrucksformen. Ihr Ausbruch aus akademischen Traditionen bedeutete für sie zugleich Ausbruch aus gesellschaftlichen Konventionen. Die jungen Maler gaben sich bewußt antibürgerlich und spontan, attackierten das Verkrustete der wilhelminischen Gesellschaft und ihre scheinheilige Moral. Man kämpfte um die Achtung der Individualität. Die Expressionisten waren von jenem zukunftsfrohen Grundgefühl beseelt, das damals die europäische Jugend erfaßte: Die Welt von Morgen erträumten sie sich – wie Stefan Zweig in seinen „Erinnerungen eines Europäers“ beschrieb – als freiheitliche Welt eines anbrechenden Weltbürgertums.

Der Ausbruch und das Erlebnis des Ersten Weltkriegs bedeutete für die Künstler einen tiefen Einschnitt. Kirchner schrieb zu seinem beim Anbruch des Weltkrieges gemalten „Trinker“: „Das Bild ist 1914 in Berlin entstanden, als Tag und Nacht die schreienden Militärzüge unter meinem Fenster vorbeifuhren“. Im bunten Gewand des Harlekins, mit dem Gesicht des Trinkers und einer Geste der Hilflosigkeit stellt er sich dar, neben sich ein giftgrünes Glas. Während unter seinem Atelierfenster die wirr gewordene Zeit zu ihrer Vernichtung aufbricht, durchdringt sein Blick den Wahnwitz dieses Treibens, und er macht sich selbst in grotesker Verkleidung und resignierendem Tun zum Spiegelbild dieser Zeit.

Wie ein Kommentar zu dem Gemälde wirkt eine Äußerung Kirchners von 1916: „Schwerer als alles andere lastet der Druck des Krieges und die überhandnehmende Oberflächlichkeit. Ich habe immer den Eindruck eines blutigen Karnevals. Man fühlt, dass die Entscheidung bevorsteht, und alles geht drunter und drüber. (...) Trotzdem versuche ich immer noch Ordnung in meine Gedanken zu bringen und aus dem Verworrenen ein Bild der Zeit zu schaffen, was ja meine Aufgabe ist.“

U. P.

Wassily Kandinsky (1866–1944)
Entwurf zu „Helles Bild", 1913, Aquarell, Feder, Tusche auf Karton, 25,7 : 34,5 cm, Inv. Nr. Hz 3529

Kandinskys heiterer Aquarell-Entwurf für das Gemälde „Helles Bild" gelangte schon vor dem Ersten Weltkrieg als Geschenk des Künstlers in die Sammlung. Er läßt noch heute das kühne Wagnis erahnen, das Kandinsky bei seiner Suche nach einer unerhörten, gleichwohl verständlichen Bildsprache jenseits des Gegenständlichen einging. Im spielerisch freien Experimentieren mit nervösen graphischen Strukturen, klingenden Farbflächen und dynamischen Kraftlinien zeigt sich die „musikalische" Qualität des abstrakten Bildes.

Alexej von Jawlensky (1864–1941)
Kopf in Schwarz und Grün, 1913, Öl auf Malkarton, 53,5 : 49,4 cm, Inv. Nr. Gm 1671

1896 kam Jawlensky nach München und gründete hier 1909 zusammen mit Kandinsky, Bechtejeff, Werefkin, Kanoldt und Erbslöh die „Neue Künstlervereinigung", von der sich 1911 die Gruppe „Blauer Reiter" abspaltete. Er zählt zu den zentralen Künstlern des Expressionismus in Deutschland.

Zwischen 1909 und 1913 liegt eine erste große Schaffensperiode, zu deren richtungsweisenden Werken der „Kopf in Schwarz und Grün" gehört. Er ist durch eine zunehmende Architektonisierung des Gesichtes charakterisiert und nimmt Jawlenskys später entwickelte „Urform" des menschlichen Kopfes vorweg, Gegenstand und Ergebnis meditativer Versenkung. Durch abstrahierende Vergeistigung des menschlichen Antlitzes schuf Jawlensky „neuzeitliche Ikonen".

Max Pechstein (1881–1955)
Zwei Mädchen, 1909, Öl auf Leinwand, 87,6 : 120 cm,
Inv. Nr. Gm 1680

In den frühen Aktdarstellungen des Brücke-Malers Pechstein sind Gesichter und Körper skizzenhaft schematisiert wiedergegeben. Der lineare Schwung ihrer Konturen korrespondiert mit den schwungvollen Umrissen der Naturformen. Wie in einer Vision paradiesischer Ursprünglichkeit erscheinen Mensch und Natur untrennbar miteinander verbunden. Mitunter klingt in der Bewegtheit der Farben das Erlebnis van Goghs nach. Die Malerei entwickelt sich aus der Vehemenz der Farben, aus raschen Folgen strichelnder Linien. Die Vitalität des sinnlichen Erlebens entlädt sich in wirbelnden Farbspielen.

Lieber Herr Marc. Haben Sie vielen Dank für Ihre so freundlichen Bemühungen. Der Delphin-Verlag hat noch nicht geschrieben, wird aber wohl, oder ist es gut, wenn ich zuerst hinschreibe? Es wird sich hoffent-

Ernst Ludwig Kirchner (1880–1938)
Brief an Franz Marc, Berlin, im November 1911,
Tusche und Pastell auf Papier, 28,7 : 22,5 cm,
Signatur Nachlaß Franz Marc I, C

Ernst Ludwig Kirchner, Mitglied der Künstlervereinigung „Die Brücke“, schreibt an Franz Marc, der dem „Blauen Reiter“ angehörte, u. a. über die 1912 herausgegebene programmatische Schrift „Der blaue Reiter“ sowie über die Berliner „Neue Sezession“. Der Brief wird durch die mit farbigen Kreiden kolorierte Federzeichnung eines Pierrot zu einem kostbaren künstlerischen Dokument.

Tee-Extrakt-Kännchen, nach 1924
Entwurf: Marianne Brandt (1893–1983), Weimar, Bauhaus-Werkstatt, Kupfer, innen verzinnt, Ebenholzgriffe, H. 8 cm, Inv. Nr. HG 10 257

In der Metallwerkstatt des Bauhauses ließ Moholy Nagy seine „Metallkonstruktionen", Skulpturen aus Stahl, Kupfer, Messing und Nickel ausführen. Ein Reflex solcher Arbeiten zeigt sich in Marianne Brandts berühmtem Tee-Extrakt-Kännchen, in dem sie den Stil ihres Lehres aufgreift. Die Halbkugel des Gefäßkörpers, die Kreisform des Deckels, das Kreuz des Fußes und das als Griff verwendete Kreissegment sind Umsetzungen der konstruktivistischen Formensprache Moholy Nagys.

Wassily-Sessel, 1925
Entwurf: Marcel Breuer (1902 – 1981), Herstellung und Vertrieb: Standard Möbel Lengyel & Co, Berlin, seit 1926, Stahlrohr, vernickelt, zusammengesteckt und verschraubt, Bespannung Eisengarn (Leinengewebe verstärkt, eisenrot gefärbt), H. 72 cm, Inv. Nr. Hg 11655

Breuer, der am Bauhaus studiert hatte, leitete dort 1925–28 die Tischlerei. In dieser Zeit entwarf er die ersten Sitzmöbel aus nahtlosem, gebogenem Stahlrohr („Mannesmann-Rohr"). Ihre Formgebung konzipierte er auf die industrielle Serienfertigung hin. Den Wassily-Sessel, das erste Sitzmöbel aus Stahlrohr überhaupt, entwarf er für das Haus seines Bauhaus-Kollegen Kandinsky.

Breuer wollte einfache, zweckmäßige Möbel machen, deren „Stil" im Ausdruck des Zwecks und der dazu notwendigen Konstruktion liegen sollte. Metall schien ihm dabei am besten mit dem modernen Zeitgeschmack übereinzustimmen. Es ermöglichte zudem am einfachsten die Standardisierung, für die in Deutschland, nach Anfängen bei den Jugendstilkünstlern, erst das Bauhaus konsequent den Weg des „industrial design" für die Massenfertigung einschlug.

Gert Wollheim (1894–1974)
Das Gretchen, 1922, Öl auf Leinwand,
130,5 : 105 cm, Inv. Nr. Gm 2158.
Leihgabe aus Privatbesitz

Wollheim war Mitglied des Aktivistenbundes in Düsseldorf und der Novembergruppe in Berlin. 1920 bis 1925 wirkte er in Düsseldorf als Kopf der Gruppe Junges Rheinland. „Nun, wir brauchen keinen Stil, wir brauchen eine menschliche Aussage", schrieb er 1920. Auf die Absurdität einer Gesellschaft, die den Weltkrieg hervorgebracht hatte, reagierte er mit anarchischer Verve. Expressionistisches Menschheitspathos weicht bei ihm surrealistischer Provokation. „Das Gretchen" malt er jahrmarktsbunt und totenblaß als Mischung aus Marionette, Dirne und Schmerzensmutter in einer verbunkerten Welt, an deren Himmel zwei Uniformierte patrouillieren und aus dem der Mensch in einen Abgrund stürzt.

Hannah Höch (1889–1978)
Denkmal II: Eitelkeit. Aus einem ethnographischen Museum, um 1930, Collage, 25,8 : 16,7 cm,
Inv. Nr. Hz 6899. Leihgabe aus Privatbesitz

Hannah Höch erhielt ihre entscheidenden künstlerischen Impulse 1916 bis 1923 im Kreis der Berliner DADA-Künstler. Diesen dienten Collage und Fotomontage als adäquate Ausdrucksmittel für ihre radikale Kritik an hergebrachten künstlerischen und gesellschaftlichen Normen. Die 1926–1930 entstandenen Collagen „aus einem ethnographischen Museum" gehören zu den Hauptwerken der Künstlerin. Aus Buntpapier und Zeitungsillustrationen montierte sie ein phantastisches Zwitterwesen: halb nackt, halb maskiert – halb antike Statue, halb afrikanischer Medizinmann – halb Mann, halb Frau, stellt es sich auf einem Sockel selbstgefällig zur Schau – ein ironisches Wechselspiel heterogener Bildelemente, die sich gegenseitig in Frage stellen.

Karl Hofer (1878–1955)
Selbstbildnis mit Dämonen, um 1928/30, Öl auf Leinwand, 140,5 : 120 cm, Inv. Nr. Gm 1952. Leihgabe aus Privatbesitz

Das Erlebnis des Ersten Weltkrieges, der Rückfall der auf ihren zivilisatorischen Fortschritt so stolzen „modernen" Kultur in hemmungslose Barbarei prägte Hofers Malerei. Aus seinen Nachkriegsbildern spricht das Wissen um die unbeherrschte Existenz zerstörerischer Mächte. Eines seiner Hauptwerke aus den zwanziger Jahren ist das Selbstbildnis mit Dämonen.

Seine bildnerischen Analysen menschlicher Erfahrung, vor allem das Erleben des Ersten Weltkrieges und der darauf folgenden unruhigen Zeit, erwiesen sich als Mahn- und Warnrufe, als Vorahnungen jener „dunklen Reaktion", die er in seiner Existenz als Künstler in Deutschland erfuhr.

Carl Buchheister (1890–1964)
Konstruktives Spiel, 1927, Öl auf Pappe,
63,5 : 49,5 cm, Inv. Nr. Gm 1899

Ab 1926 setzte sich Buchheister in seinen Kompositionen vorwiegend mit geometrischen Elementen auseinander. Angeregt durch die Begegnung mit El Lissitzky, der 1926/27 im Provinzialmuseum Hannover das „Kabinett der Abstrakten" einrichtete, entstanden Bilder, in denen geometrische Formen in rhythmische Zwiesprache treten. Die verhaltene Farbigkeit begleitet den Charakter des Bewegungsablaufs. Der Bildtitel „Konstruktives Spiel" entspricht dem heiter-gelösten Ausdrucksstreben Buchheisters.

Siebenteiliger Tellersatz, 1923
Entwurf: El Lissitzky (1890–1941), Steingut, übergedreht, auf mattschwarzer Engobe rotes Schablonendekor in Spritztechnik, unglasiert, Dm. großer Teller 30,4 cm, Inv. Nr. HG 12839 a–g

Der russische Künstler El Lissitzky zählt zu den bedeutendsten Vorkämpfern der konstruktivistischen Avantgarde. Als Anhänger der Oktoberrevolution wollte er entsprechend zur Erneuerung der Gesellschaft auch eine neue Kunst entwickeln. 1923 begann Lissitzky, zugunsten von Aufgaben im Bereich der angewandten Kunst die Malerei zurückzustellen. Er entsprach damit der Forderung der Konstruktivisten, künstlerische Experimente auf praktische Aufgaben auszurichten.

Stuhl „Zickzack", 1934

Entwurf: Gerrit Thomas Rietveld (1888–1964), Ausführung von Rietveld 1942 für die Familie Jesse in Ameiden/Holland, Fichtenholz, verleimt und verschraubt, H. 75 cm, Inv. Nr. HG 12670

Rietveld war seit 1919 Mitglied der holländischen Gruppe „De Stijl", der Maler und Vertreter der angewandten Kunst angehörten. Auf konstruktivistischem Weg wollten sie Formen und Modelle für eine neue Welt entwickeln. Während am Anfang in den De Stijl-Entwürfen Senkrechte und Waagerechte dominieren, befaßte man sich nach 1924 mit der „Kontra-Komposition". Theo van Doesburg schloß damals die Diagonale als dynamisierendes Element in seine Theorien ein. Mit seinem Zickzack-Stuhl schuf Rietveld ein Manifest dynamisch-konstruktiver Form.

Kaffeemaschine „Sintrax"

Schott & Gen., Jena, um 1935 nach Entwurf von Gerhard Marcks (1889–1981) und Wilhelm Wagenfeld (1900–1990), Borosilikatglas, Holz, Metall, Gummi, H. 22 cm, Inv. Nr. Des 276

1924 schlug Walter Gropius, der Leiter des Bauhauses, dem Jenaer Glasgerätefabrikanten Erich Schott vor, die Produkte der Firma aus feuerfestem Glas „in ihrer Gestalt verbessern" zu lassen. Der Bauhauslehrer Gerhard Marcks entwickelte daraufhin die neue „Sintrax-Kaffemaschine" als ein haushaltstaugliches Laborgerät, das den technischen Vorgang der Kaffeezubereitung transparent macht. Namhafte deutsche Designer haben die „Sintrax" in den folgenden Jahrzehnten optimiert, unter ihnen Wilhelm Wagenfeld, der zu Beginn der dreißiger Jahre einen neuen Holzgriff entwarf.

Hans Hofmann (1880–1966)
Selfportrait in blue coat, 1940, Öl auf Leinwand, 76 : 61 cm,
Inv. Nr. Gm 1907

Für den Kunstkritiker William Seitz verkörpert Hofmann „den internationalen Ursprung der amerikanischen Malerei wie ihren späteren Einfluß auf die Welt". Hofmann hatte zunächst in München studiert, sich ab 1904 in Paris weitergeschult, wo er die Befreiung der Farbe durch die Fauves erlebte und mit Matisse, Picasso und Delaunay befreundet war. In München folgte die Auseinandersetzung mit den emotionalen Qualitäten des Expressionismus. 1932 eröffnete er eine Malschule in New York, die dort bald Zentrum der künstlerischen Jugend war. Hofmann verband die Erfahrung der Malerei von Matisse mit dem abstrakten Expressionismus Kandinskys. Um 1940 begann er, sich mit der Idee des Automatismus der in die USA emigrierten Surrealisten zu befassen. Die Umsetzung des vom Gegenstand ausgehenden Motivs trieb er so weit voran, daß sie in eine aus der malerischen Geste heraus entwickelte abstrakte Malerei einmündete.

Hofmanns Selbstporträt ist zwar noch gegenständlich, dennoch ist es ein Schlüsselbild für seine künstlerische Haltung. Die kurz innehaltende Geste vor der Staffelei kennzeichnet sein Prinzip, die Komposition durch die immer neu ansetzende Reflexion des Zusammenklangs von Pinselduktus und Farbe zu entwickeln.

Hans Arp (1887–1966)
Ptolemäus I, 1953, Bronze, H. 100 cm,
Inv. Nr. Pl. O. 3111

„Wir wollen nicht die Natur nachahmen. Wir wollen nicht abbilden, wir wollen bilden. Wir wollen bilden, wie die Pflanze ihre Frucht bildet." Arp wollte die Verbindung zu dem Natur-Urgrund wieder herstellen. Er versuchte, sich den Geheimnissen des Schöpfungsaktes, dem allumfassenden Wachstumsprozeß der Natur zu nähern, indem er seine gefundene plastische Form nicht als Endpunkt, sondern als eine Variation aus dem Schatz unendlicher Möglichkeiten begriff. Der Titel der Plastik aus Arps reifen Schaffensjahren spielt auf den Lehrsatz des griechischen Naturforschers Claudius Ptolemäus an, der besagt, das Weltzentrum sei hohl und werde erst durch das es Umgebende gebildet.

Theodor Werner (1886–1969)
Entscheidung, 1953, Öl auf Leinwand, 116 : 86 cm, Inv. Nr. Gm 1646. Leihgabe des Kulturkreises im Bundesverband der deutschen Industrie e. V., Köln

Aufsehen erregte 1955 auf der ersten Kasseler documenta-Ausstellung Werners 1942 entstandenes Gemälde „Creatio ex Nihilo". Der Titel umreißt seine um 1940 entschieden formulierte abstrakte Konzeption und zugleich Entwicklungstendenzen der abstrakten Kunst der Nachkriegszeit. Für Werner, der sich mit moderner Physik und ihren Erkenntnissen über das Universum befaßte, hatten die Dinge „ihre Gleichniskraft für eine neue Raumvorstellung verloren". Folglich sei die Kunst nur dann fähig, wahrhaftig zu sein, wenn sie auf das Sichtbare als inspirierendes Moment, auf jeden bisherigen Gehalt verzichte. Erst wenn es gelänge, „gleichnislos", allein aus dem schöpferischen Akt heraus „Gestalt zu erreichen", könne die Kunst wieder „seinsgerecht, seinsteilhaftig" sein.

Teekanne „Wilder Schwan"
Nürnberg, Andreas Moritz (1901–1983), 1962, Silber, Cocobolo-Holz, H. 14,4 cm, Inv. Nr. Des 600,49

Die Optimierung präziser Grundformen, die Absage an alles Modische und Zufällige unter konzentrierter Beherrschung des Handwerks waren die künstlerischen Prämissen des Hallenser Gold- und Silberschmieds Andreas Moritz. Mit seinem Wirken an der Nürnberger Akademie der Bildenden Künste von 1952 bis 1969 wurde er zu einem der prägendsten Lehrer des Faches in der Nachkriegszeit. In der leichten Bauchung des Kannenkubus und den vierkantigen, ausladend geschwungenen Henkel- und Schnaupenkörpern finden die Norm des Funktionalen und die Individualität des Unikats zu einem ausgewogenen Verhältnis.

„Florida-Handbags"
USA, um 1950, farbiges Acryl in unterschiedlichen Formen und Dekor, Inv. Nr. T 7290–7296

Der Blick nach Amerika bescherte der Modewelt der fünfziger Jahre nicht nur Jeans und Nylonstrümpfe, sondern auch die ersten Plastiktaschen. Neben Taschen aus durchsichtigem PVC waren dies die heute als Sammlerstücke begehrten, sogenannten Florida-Handbags aus gehärtetem farbigem Acryl, wie sie amerikanische Designerfirmen produzierten. Die hartwandigen kasettenartigen Behältnisse kamen jedes Jahr in neuen Farben und Formen auf den Markt. Mit einfarbigen und marmorierten Oberflächen erfreuten sich perlmuttartige Glanzeffekte großer Beliebtheit.

Radiogerät „T 23“
Braun oHG, Frankfurt/M., 1960 nach Entwurf von Dieter Rams (geb. 1932), im Spritzverfahren geformtes Polystyrol, Plexiglas, verchromtes Metall, Leder, 20 : 28 : 9,5 cm, Inv. Nr. Des 231

Radio- und Fernsehgeräte zählten in den dreißiger bis sechziger Jahren zu den prestigeträchtigsten Luxusartikeln in deutschen Haushalten, weswegen sie mit lackierten Holzgehäusen, edlen Stoffbespannungen und glänzenden Zierleisten als aufwendige Möbel gestaltet wurden. Das Gerätedesign der Frankfurter Firma Braun setzte hier alternative Akzente, indem es Gehäuse aus modernem Kunststoffmaterial ohne jede unnötige Zutat auf den Markt brachte. Reduziert auf das schmale Rechteck, mit minimierter Beschriftung der Funktionstasten und Senderskala stellt „T 23“ eine der kompromißlosesten Verwirklichungen dieser Produktphilo-

Verner Panton (geb. 1926, lebt in Binningen/Schweiz)
Eistütenstuhl „Heart“, Herstellung: Plus-linje A/S, Kopenhagen 1959, Metallkorpus, schaumstoffgepolstert, Originalstoff Bordeaux/Schwarz, Drehfuß verchromt, schwarze Gummikappen, H. 89,7 cm, Inv. Nr. HG 12842

Im Zusammenhang mit dem Umbau des Gartencafés Komingen auf Fünen entwarf Panton für die Innenausstattung einen Stuhl in Form eines auf der Spitze stehenden Kegels. Als „Cone Chair“ oder „Eistütenstuhl“ ging er in die Designgeschichte ein. Panton variierte dieses Modell. Mit herzförmiger Lehne fand es 1960 Verwendung für die Ausstattung des Restaurants „Astoria“ in Trondheim.

Ernst Wilhelm Nay (1902–1968)
Drei Bilder der documenta III, 1964, Öl auf Leinwand, je 396 : 396 cm, gemalt für die Sektion „Bilder im Raum" der III. Kasseler documenta, Inv. Nr. Gm 1850–52. Leihgabe aus Privatbesitz

Die Bilder gehören zu Nays Werkgruppe der „Augenbilder". Um 1963 begann Nay, seine Farbscheiben mit meist sphärischen Linien durchzustreichen, wodurch sich die gegenständliche Assoziation von Augen einstellte. Die drei „Augenbilder" von 1964 ergeben eine auf Spannung und Ausgleich hin komponierte Trilogie der Formen und Farben. Die beiden starkfarbigen, das blau-gelbe links und das rot-grüne rechts, werden durch ein nahezu schwarz-weißes Bild in der Mitte getrennt. Zugleich aber sind es die stark graphischen, sehr präzisen Kreisformen des Mittelbildes, durch die hindurch die offenen, im Kontur ausfransenden Farbformen des linken Bildes sich klärend zur entschiedenen Farbgestalt des letzten Bildes wandeln. In der Abfolge der Bilder ergibt sich eine Rhythmik der Farben und Formen, die in ihrem sich verschränkenden Dreischritt eine malerische Entsprechung zu Goethes Gedanken von „Polarität und Steigerung" bildet. Durch ihr anspruchsvolles Grundmotiv der Kreisform, ihre Dreizahl und ihr monumentales Format fordern diese Bilder zur sinnbildhaften Ausdeutung der von ihnen dargestellten Bildschöpfung auf, ohne den Betrachter auf ein bestimmtes Weltbild festzulegen.

Rupprecht Geiger (geb. 1908, lebt in München)
Ohne Titel, 1968, Acryl auf Leinwand, 115 : 105 cm. Leihgabe aus Privatbesitz

In den sechziger Jahren fand Geiger zu seinen monochromen Farbfeldern. Um das Medium „Farbe" möglichst unbeeinflußt wirken zu lassen, reduzierte Geiger die Formensprache auf archetypische Formen wie Rechteck und Kreis. Der Kreis näherte sich schließlich als Oval dem Rechteck an, um den harten Zusammenprall von Farbe und Bildformat zu verhindern. Die verwendete Spritztechnik versetzt die Farbpigmente in Schwingung und ermöglicht ein Ausstrahlen über die Ränder hinaus. Geiger verwendet Tages-Fluoreszens-Leuchtfarben, weil diese in der Natur nicht vorkommen und ihm deshalb besonders geeignet scheinen, seinen aus der Natur destillierten Begriff von „Farbe" völlig losgelöst vom Naturvorbild zu visualisieren.

Michael Buthe (1944–1994)
Stoffbild, 1969, Gefärbte und gerissene Stofftücher, 175 : 231,5 cm.
Leihgabe aus Privatbesitz

In seinen Stoffbildern arbeitet Buthe mit Tüchern und Lappen, die zerrissen und wieder zusammengenäht oder wie Malschichten übereinanderlegt sind. Bei dem vorgestellten Stoffbild sind vier verschieden eingefärbte Tücher übereinander auf einen Keilrahmen gespannt, wobei die Risse wie die Frakturen einer Malerei die aufeinanderfolgenden Farblagen freilegen. Buthe überläßt den Prozeß der Formentwicklung zu einem großen Teil dem Material. Dadurch wird die traditionell dem künstlerischen Genius zugeschriebene Aufgabe der Formfindung objektiviert und durch das gegenständlich „Begreifbare" der Stoffarbeiten darüber hinaus räumlich-konkret erfahrbar.

Georg Meistermann (1911–1990)
Glasfenster für die Ehrenhalle des Germanischen Nationalmuseums, 1967

Für Meistermann ist die Bildfläche nicht Ort impulsiver Gesten. Vielmehr sucht er nach abstrakten Sinnzeichen als Träger des Empfindens für den verborgenen Gehalt, der hinter der Welt mit ihren wechselnden Erscheinungen verschlüsselt liegt. Sein Glaube an eine höhere Kraft war für ihn der Antrieb, als er nach 1933, kaum der Akademie entwachsen als „entartet“ verfemt, seinen künstlerischen Ideen folgte. Als er mit ihnen nach 1945 an die Öffentlichkeit treten konnte, zeigte sich ihre Tragfähigkeit. Waren Meistermanns Abstraktionen anfangs noch von expressiven Elementen durchdrungen, so tritt Mitte der fünfziger Jahre eine Klärung ein. Aus der Vielfalt der Formen bilden sich ruhige Flächenformen heraus – meditative Zeichen, deren Zusammenspiel von Spannung und Harmonie einen schwebenden Bildklang erzeugt und die Bildfläche zum Meditationsfeld werden läßt. Bezeichnend ist, daß er sich seit den 30er Jahren mit Glasmalerei beschäftigte, deren gedankliche Tradition die Wandlung des Materiellen zum immateriell leuchtenden Zeichen umfaßt.

Heinz-Günter Prager (geb. 1944, lebt in Köln)
Achse I–III, 1974, Stahl, 130 : 195 : 140,
Inv. Nr. Pl. 3142–3144

Jede der drei Achsen besteht aus zwei kreisrunden Platten, deren Durchmesser dem Radius eines Armschlags von 140 cm entspricht. Die Länge der an die Platten angeschraubten Stangen entpricht der vom Künstler normativ festgelegten menschlichen Durchschnittsgröße von 175 cm.

Obwohl die Achsenteile massiv aus Stahl sind, ruhen sie nicht gewichtig auf ihrem jeweiligen Standpunkt. So sind die beiden aus Platte und angeschraubter Stange bestehenden Teile jeder Achse nicht fest miteinander verbunden. Ihre Konstellation bleibt variabel. Das Spiel mit der Veränderung führen die drei Achsen als Gruppe vor: Bei der ersten sind die Platten nach außen gerichtet, wobei sich die Stangenenden berühren. Der Achsenkörper greift wie ein Flügelpaar in den Raum aus. Bei der zweiten sind die Platten nach innen gestellt. Der Achsenkörper zieht sich in sich zurück. Die dritte Achse bildet eine Synthese beider Ausrichtungen. Hier kreuzen sich die Stangen, jede berührt den äußersten Punkt der anderen Achsenplatte. Als Volumen umfaßt diese Achse einen Raum, in dem ihr Körper weder über sich hinausweist, noch auf sich selbst zurückbezogen bleibt. Außenraum und Achsenkörper verbinden sich zu einer komplexen Gestalt.

Prager stellt mit dieser Skulptur die Annäherung eines Körpers an seine Umgebung dar. Sie ist ein Schlüsselwerk seiner skulpturalen Überlegungen.

Beuys interpretierte die Freiheitsfrage als Kreativitätsfrage. Freiheit kann man nicht zugesprochen bekommen, ihre Basis muß der eigene Wille, die eigene Idee, das eigene Handeln sein. So appelliert Beuys mit seinem berühmten Satz „Jeder Mensch ist ein Künstler“ an die Fähigkeit jedes Menschen, Schöpfer zu sein: „Während in älteren Lebensbezügen den Menschen die Führungsvorschriften für das soziale Handeln als Offenbarungsweisheiten oder Sakramente durch ihre geistigen Führer gegeben wurden, erlebt er nun, daß er selbst der Erzeuger des sakramentalen, die Menschen verbindenden Wärmewesens im Arbeitsfeld ist.“ An anderer Stelle schreibt er: „Wenn nicht die Revolution zuerst im Menschen geschieht, scheitert jede äußere Revolution. Der Mensch muß den Innenraum erobern. Die Kunst jedenfalls spricht immer den einzelnen freien, kreativen Menschen an.“

Schöpferische Kraftströme

1972

Er berührt damit die Frage nach der Selbstverantwortung. Ebenso wie der Künstler die Verantwortung für das Entstehen seines Werkes übernimmt, muß jeder Mensch die Verantwortung für die Verwirklichung der erstrebten Gesellschaft tragen, welche die Persönlichkeit des einzelnen voll reflektiert; „... das menschliche Bewußtsein kann sich nicht neu orientieren am Gesellschaftlichen, sondern es kann sich nur neu orientieren eben an seinem Freiheitspol, der schon sehr weit entwickelt ist.“ Das heißt, die Voraussetzung für das Bewußtsein der Selbstverantwortung ist das Bewußtsein der Freiheit. Das angestrebte Ideal ist der absolut selbstbewußte Mensch.

„La rivoluzione siamo Noi“ – die Revolution sind wir – lautet der Titel der Fotoarbeit, in der Beuys in voller Lebensgröße selbstsicher nach vorne schreitet. Er geht auf den Betrachter zu, der durch den Illusionismus des Bildes zum Gegenüber, zum Mitspieler, zum Partner wird. Die Arbeit verweist auf ein Werk, das sich aus dem selbstverständlichen Zusammenspiel der Menschen entwickelt. Die Nützlichkeit dieses Werkes beweist sich darin, daß etwas geschaffen wird, das gemeinsam bleibt und weiterlebt. Aus Revolution wird Evolution. „La rivoluzione siamo Noi!“ U. P.

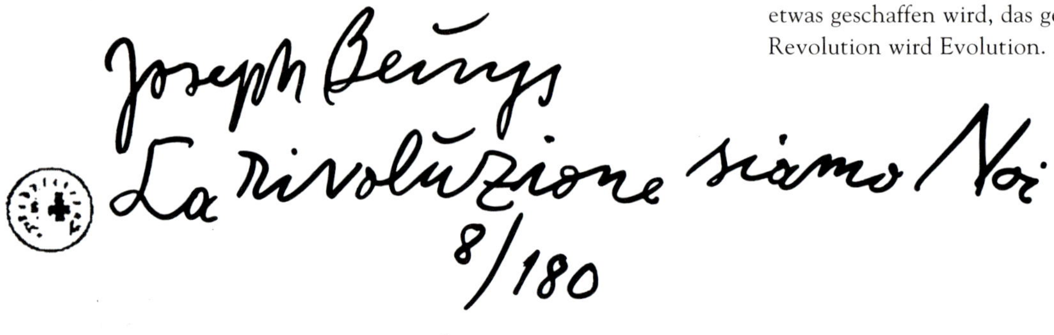

Joseph Beuys (1921–1986)
La Rivoluzione siamo Noi, 1972, Lichtdruck auf Polyesterfolie, mit handschriftlichem Text, gestempelt, 191 : 102 cm, Edizione Modern Art Agency, Neapel, Edition Tangente, Heidelberg.
ZR-Nr. 1997/8940

A. R. Penck (Ralf Winkler)
(geb. 1939, lebt in London, Dublin und Düsseldorf)
Figur, um 1970, Aquarell auf Papier, 28 : 15,5 cm. Leihgabe aus Privatbesitz

Pencks visuelles Zeichensystem dient revolutionären Zielen. Seine Darstellung bestimmter Verhaltensweisen als gesellschaftliche Standards meint nicht nur Dokumentation des Ist-Zustandes, sondern zielt ab auf die Veränderung des Verhaltens jedes Einzelnen. Penck, der sich in der DDR stets als „Realist" verstand und an seinem gesellschaftspolitischen Engagement festhielt, wurde nie in den Künstlerverband aufgenommen. Dennoch setzte er sich von Dresden aus international durch; 1972 nahm er an der V. documenta in Kassel teil.

„Standart" ist eine Wortschöpfung von Penck, in der er die beiden englischen Begriffe „standard" und „art" miteinander verbindet. Das frontale Strichmännchen mit erhobenen Händen wurde zum zentralen Motiv dieser Werkgruppe.

Jan Silberschuh: Ost-Berliner Treppengespräche
Wundes und Unumwundenes aus der Wendezeit, Berlin-Köpenick: Katzengrabenpresse 1990, 22,8 : 17,5 cm, Signatur Om 199/31

Das letzte Buch der DDR, die am 3. 10. 1990 der Bundesrepublik Deutschland beitrat, wurde am 2. 10. 1990 um 23.59 Uhr ausgeliefert. Es ist ein von dem Berliner Publizisten Jan Silberschuh (geb. 1939) in den Jahren 1989 und 1990 verfaßter Dialog. Ein Kreuzworträtselrater und ein Schachspieler fortgeschrittenen Alters treffen sich neunundfünfzigmal auf der Treppe ihres Mietshauses. Wo sie sich bei diesem Treppauf und Treppab begegnen, verschnaufen sie und teilen sich ihre Gedanken zur politischen Lage nach dem Fall der Mauer mit. Christian Ewald (geb. 1949) hat das Buch in Typographie und Einband gestaltet.

Jörg Immendorff (geb. 1945)
Heuler (Café Deutschland, Zustand Nr. 11), 1982/1993, Linolschnitt, Schwarz und Braun auf Japan, Inv. Nr. H 8370

In Distanz zur Kunst seines Lehrers Joseph Beuys – aber bestärkt durch dessen gesellschaftspolitisches Engagement – sah Jörg Immendorff die Aufgabe des Künstlers zunächst in direkter politischer Aktion und parteilicher Agitprop-Malerei. Einen Wendepunkt in seinem Schaffen markiert der 1978–82 entstandene Werkkomplex „Café Deutschland": 19 großformatige Gemälde und Hunderte von Gouachen und Zeichnungen sowie eine Folge von Linolschnitten. „Café Deutschland" ist eine bildnerische Auseinandersetzung mit der komplexen deutsch-deutschen Situation und mit dem Problem des Realismus – ein alptraumhaftes „Pandämonium deutscher Realität".

1991

Antonius Höckelmann (geb. 1937, lebt in Köln)

Frau mit Zaubervogel II, 1991, Fingermalerei, Acryl auf Leinwand, 100 : 80 cm, Inv. Nr. Gm 1941. Leihgabe aus Privatbesitz

In seiner Werkfolge „Frau mit Vogel" variiert Höckelmann das alte Leda-Motiv. Bei Höckelmann berühren solche mythischen Themen den holprigen Boden der Realität, und er scheut sich nie, sie in triviale Gefilde zu überführen. Nicht nur, daß gegenüber der sanften erotischen Poesie von Ledas Schwan sein Paradiesvogel geradezu wie ein Sexteufel angebraust kommt, auch seine Leda plumpst in der Turbulenz der Ereignisse vom Sockel des Erhabenen.

In vielen seiner Bildthemen spielt Höckelmann mit der Lust am Trivialen, indem er in bekannte Bilder der Kunstgeschichte und ihre überformenden Ideale im grotesk überzeichnenden Gegenlauf Beobachtungen des Alltäglich-Banalen einfließen läßt. Sie wird zugleich gebrochen, indem er im Spiegel des Trivialen das Unbewußte in all seiner Bedürftigkeit als Widerschein ferner Mythen aufblitzen läßt.

Peter Angermann (geb. 1945, lebt in Thurndorf/Bayern)
Aus grauer Vorzeit, 1979, Kasein auf Leinwand,
170 : 200 cm, Inv. Nr. Gm 2164. Leihgabe des Künstlers

1979 gründete Angermann zusammen mit Jan Knap und Milan Kunc die Gruppe „Normal". Den erweiterten Kunstbegriff seines Lehrers Beuys nahm er kritisch beim Wort, indem er sich die Freiheit nahm, „schöne" Bilder zu malen, zu denen auch der „Normalbetrachter" gleich Zugang finden soll. Zwanglos greift er Motive auf, die jedermann erkennt. Auch arbeitet er mit der Bildsprache von Comics, ihren packenden Verkürzungen und Perspektiven. In dem Gemälde „Aus grauer Vorzeit" kombiniert er sie in Bezug auf den Bildtitel lustvoll mit der altmeisterlichen Technik der Grisaillemalerei, mit der er seinem unverblümten Motiv zur Evolutionsgeschichte der Welt Monumentalität verleiht.

Anna Oppermann (1940–1993)
Problemlösungsauftrag an Künstler (Raumproblem), Reduktion, 1984, Collage, Fotografie, Fotoleinwand, Skizzen, Texte, handschriftliche Abschrift aus Arno Schmidts „Der sanfte Unmensch", auf weißem Blatt auf weißen Karton mit Fotoecken aufgeklebt, neunteilig, gesamt 300 : 610 cm, Inv. Nr. Gm 1936/a–i. Leihgabe der Bundesrepublik Deutschland

Anna Oppermanns Werkbegriff basiert auf der Erfahrung, sich der Komplexität eines Wirklichkeitsausschnitts nur mit vergleichbar vielfältigen Erkenntnisebenen nähern zu können. Sie nutzt nicht nur die unterschiedlichsten bildnerischen Mittel in einer Arbeit gleichzeitig, sondern bezieht auch den geschriebenen Text in die Gestaltung mit ein. Neben Malerei, Zeichnung, Collage und Foto beginnt sie auch die theoretische Auseinandersetzung in Form von eigenen handschriftlichen Notizen oder Texten unterschiedlicher Autoren als in ihrer bildnerischen Aussage gleichwertig zu akzeptieren. Aus diesem Zusammenspiel von Objekt, Bild und Wort wachsen ihre Ensembles, die Günter Metken als „begehbare Nachdenklandschaften" charakterisiert hat. Bei jeder Präsentation wandelt sich das Ensemble und erfährt eine Erweiterung, indem auch die Dokumentation der vorausgegangenen Stationen einbezogen wird.

Da sich ihr stetig in den Raum wachsendes Kunstwerk der museal statischen Präsentation entzieht, ging sie frühzeitig dazu über, sogenannte „Reduktionen" einzelner Werkkomplexe herzustellen, denen die Aufgabe zukommt, die von ihr entwickelte Methode der intermedialen Gegenstandsreflexion in traditioneller Bildform zu verdeutlichen.

Folgende Seiten:
Dani Karavan (geb. 1930, lebt in Tel Aviv, Paris und Florenz)
Way of Human Rights (Straße der Menschenrechte), 1988/93, 27 Rundpfeiler, weißer Beton, H. 800 cm, 2 Kopfplatten, 1 Tor, weißer Beton, H. 800 cm, 1 Säuleneiche, Inv. Nr. Pl. O. 3187

Durch die Nürnberger Rassegesetze, die 1935 die Grundlage für die Verfolgung und Vernichtung von Millionen Menschen legten, die monumentalen Bauten auf dem Reichsparteitagsgelände und die Nürnberger Prozesse, die 1945 eine rechtliche Aufarbeitung der Kriegsgreuel zu leisten versuchten, wird Nürnberg wie kaum eine andere Stadt in Deutschland mit den Verbrechen des Dritten Reiches in Verbindung gebracht. Dani Karavans „Straße der Menschenrechte" gibt als Zeichen für Menschlichkeit und Völkerverständigung eine Antwort. Sein Kunstwerk erinnert an die 30 Artikel der Menschenrechtserklärung der Vereinten Nationen, die am 10. Dezember 1948 verabschiedet wurden. Auf jedem der Rundpfeiler sowie den beiden Kopfplatten ist einer der Artikel jeweils in Deutsch und in einer weiteren Sprache eingraviert – in Sprachen von Völkern, bei denen die Menschenrechte mißachtet wurden oder mißachtet werden.

Die Plazierung jeder einzelnen Sprache innerhalb der Säulenreihe ist durch die geographische Distanz ihres Ursprungslandes von Nürnberg bestimmt. Auf der ersten Säule, die keine Entfernung markiert, steht der Text auf Jiddisch. Das Motiv der Säule, im Faschismus ein Symbol der Gewaltherrlichkeit, wird bei Karavan zum Symbol des Friedens unter den Menschen. Der Baum, der sich in die Abfolge der Säulen einreiht, steht für die Sprachen, die nicht auf den Schäften und Platten aufscheinen.

Dem Betrachter erschließt sich Dani Karavans Projekt durch eigene Bewegung – durch sein Nachdenken über die denkmalhaft vergegenwärtigten Rechte der Menschen, das allererste Voraussetzung für die Schließung der Kluft zwischen Menschen und Völkern ist, und durch das es für jeden einzelnen den „Way of Human Rights" zu einer humaneren Welt zu erobern gilt.

Die „Straße der Menschenrechte" wurde anläßlich des 1993 eingeweihten Erweiterungsbaus des Germanischen Nationalmuseums realisiert und fand die ideelle Unterstützung der Fédération Internationale des Ligues des Droits de l'Homme.

ARTIKEL 16:
GRÜNDEN